大都市营造系列丛书

品质市政

上海城市基础设施
创新设计实践

SHANGHAI PRACTICE OF URBAN INFRASTRUCTURE
CONSTRUCTION WITH DESIGN INNOVATIONS

上海市规划和自然资源局

编著

上海文化出版社

参编单位（排名不分先后）

中国铁路设计集团有限公司

中铁第四勘察设计院集团有限公司

中铁上海设计院集团有限公司

中铁二院工程集团有限责任公司

中铁工程设计咨询集团有限公司

中铁华铁工程设计集团有限公司

上海市城市规划设计研究院

上海市上规院城市规划设计有限公司

上海市隧道工程轨道交通设计研究院

上海市政工程设计研究总院（集团）有限公司

上海市城市建设设计研究总院（集团）有限公司

上海市政交通设计研究院有限公司

上海园林（集团）有限公司

上海市园林设计研究总院有限公司

上海市市政规划设计研究院有限公司

上海市地下空间设计研究总院有限公司

上海市交通发展研究中心

上海电力设计院有限公司

上海勘测设计研究院有限公司

上海申通轨道交通研究咨询有限公司

华建集团华东建筑设计研究院有限公司

华建集团上海建筑设计研究院有限公司

华建集团上海市水利工程设计研究院有限公司

华建集团历史建筑保护设计院

华建集团上海建筑科创中心

华建集团上海现代建筑装饰环境设计研究院有限公司

北京城建设计发展集团股份有限公司

同济大学建筑与城市规划学院

同济大学建筑设计研究院（集团）有限公司

清华大学建筑设计研究院有限公司

上海大舍建筑设计事务所

上海致正建筑设计有限公司

上海唯筑建筑设计有限公司

上海阿科米星建筑设计事务所有限公司

上海瀛舫城市发展建设有限公司

上海博风建筑设计咨询有限公司

上海城间建筑设计事务所

上海新外建工程设计与顾问有限公司

上海旭可建筑设计有限公司

上海重峰建筑设计咨询有限公司

上海冶是建筑设计有限公司

上海意格环境设计有限公司

上海有客建筑设计有限公司

上海山水秀建筑设计事务所

上海畎亩建筑设计事务所有限公司

北京中联环建文建筑设计有限公司上海分公司

贝依多建筑设计咨询（上海）有限公司 (BILDEN)

水雁飞建筑设计（上海）有限公司

原典建筑设计咨询（上海）有限公司

原吉建筑规划设计（上海）有限公司

冯格康玛格建筑设计咨询(上海)有限公司(gmp)

查普门泰勒建筑设计咨询（上海）有限公司
（Chapman Taylor）

楷亚锐衡设计规划咨询（上海）有限公司
（CRTKL 公司）

彼爱游建筑城市设计咨询(上海)有限公司(BAU)

施莱希工程设计咨询（上海）有限公司

澜加（杭州）建筑设计事务所有限公司（line+）

刘宇扬建筑事务所

亘建筑事务所

久舍营造工作室

来建筑设计工作室

深圳市杰恩创意设计股份有限公司

沈阳毕帝基建筑工程设计事务所

序

读《上海城市基础设施创新设计实践》

　　《上海城市基础设施创新设计实践》（简称《基础设施设计实践》）是国内第一部以城市视角论述基础设施的专著。城市基础设施是城市的生命线，意味着城市安全和韧性。虽然在参与城市规划的工作时会涉及基础设施的问题，但我对这个领域只是一知半解。通读这部书稿后深感受益匪浅，由此获得几点启示。首先是可以全面认识基础设施的内涵及意义，《基础设施设计实践》在学术概念和科学意义上阐明了城市规划视角下的基础设施分类，具有重要的学术价值和实践指导意义。其次，《基础设施设计实践》具有十分宽阔的国际视野和现代意识，来自北京、上海、深圳、杭州和德国、英国、澳大利亚的规划、建筑、市政、园林、生态、环保等单位及众多专家参与这部专著的编写，极大地丰富了《基础设施设计实践》的理论及实践价值。此外，编者从理论和方法论的层面深入探索基础设施的创新规划和设计，对城市的高质量发展具有战略性、基础性和先导性。全书坚持设计引领，坚持管理创新，形成许多具有创造性的案例，并且以图文并茂的方式加以生动地展现。

　　现代城市基础设施的基本体系始建成于 19 世纪；到 20 世纪 90 年代，人们已经认识到基础设施与城市空间的互动关系，认识到城市基础设施软件的重要作用，基础设施体系得以不断完善。城市基础设施的基本体系由基础设施硬件构成包括各种建筑物、构筑物、管线、道路、轨道、桥梁、隧道、能源网络等。基础设施软件则包括城市运行和管控、碳排放管理、交通、智慧城市以及市政基础设施运行的有形和无形的条例及规则等。基础设施对城市的高质量发展具有无可替代的作用，我们在城镇化的过程中也需要为新增的城市人口提供城市基础设施，需要巨额的投资。据 2013 年的文献介绍，世界银行预计，今后 20 ～ 30 年，全世界在城市基础设施方面的投资大约需要 30 万亿～ 50 万亿美元。城市基础设施的设计、建设和日常运行无疑对于经济增长、城市品质和生活方式的塑造起着关键作用，支撑着城市的可持续发展。

　　这部专著从城市视角入手，将我们引入作为城市生命线的基础设施世界，探讨基础设施与城市发展的关系。《基础设施设计实践》指明，基础设施不仅具有工程价值，更重要的是具有社会价值、文化价值和历史价值等多维度的功能内涵。基础设施是城市长时期，甚至数个世纪建设的成果，也是城市运行的基本保障。现今的城市基础设施已不再局限于传统意义上的"工程性基础设施""功能性基础设施"或"技术性基础设施"，广义的城市基础设施不再只是市政的概念，它不仅包括城市能源、供水排水、交通运输、信息通讯、环保环卫、防卫防灾等公共设施。作为社会有机体的城市，作为城市公共产品的基础设施也应成为"社会性基础设施"，包括城市管控与治理、教育、科技、医疗卫生、体育、文化、养老等社会事业，甚至包括公共艺术如城市雕塑、城市公园、城市家具等，将艺术植入城市生活。

《基础设施设计实践》的上篇聚焦新理念和新模式，建立基础设施与城市空间的研究逻辑，并尝试从城市视角对基础设施进行系统分类。专业类的基础设施包括城市能源系统、供水排水系统、交通运输系统、信息通讯系统、环保环卫系统、防卫防灾系统等。作者集中展示了这些领域的设计成果。在此基础上，高度概括新格局下上海基础设施发展的高质量发展趋向，提出基础设施规划设计的系统谋划、整体定位、改善邻避、彰显文化、功能复合、开放共享、集约节约、安全韧性、绿色低碳、数字赋能等十条设计指南。在上篇理论架构的基础上，下篇整编了上海近期在基础设施新都市领域中的探索和实践，成果案例涵盖城市基础设施的方方面面。

　　规划设计的前瞻性决定了城市可持续发展的可能性，基础设施创新设计从功能保障融入城市的功能体系；以"品质市政"的理念创新上海的城市基础设施建设；全面审视从选址、规划、设计、实施到更新的全过程，结合上海实际，在思维方式、组织模式、规划方法、设计技术等方面开展系统性的创新转型。《上海城市基础设施创新设计实践》标志着上海正在城市基础设施领域走向卓越的全球城市目标。

郑时龄
中国科学院院士
法国建筑科学院院士
同济大学建筑与城市规划学院教授

前言

见基础设施之微 · 知城市品质之著

为深入学习贯彻习近平总书记考察上海重要讲话精神和对上海工作的重要批示指示要求，全面贯彻党的二十大、二十届三中全会精神，落实十二届市委三次、四次、五次全会部署要求，城市规划和建设工作必须完整、准确、全面贯彻新发展理念，始终以创新、协调、绿色、开放、共享的内在统一，把握超大城市高质量发展的本质要求，聚焦上海"五个中心"建设目标，践行人民城市理念，在提升城市品质方面持续发力，上海市规划和自然资源局通过不断探索城市基础设施的高起点规划、高标准设计与高质量建设，营造更开放、更高效、更优质的基础设施环境，全方位提升上海城市空间品质。

2022 年 7 月，住房和城乡建设部联合国家发展改革委印发实施《"十四五"全国城市基础设施建设规划》（建城〔2022〕57 号）。规划指出，坚持以人民为中心的发展思想，坚持问题导向、目标导向相结合，统筹发展和安全，对"十四五"期间统筹推进城市基础设施建设做出全面系统安排，围绕构建系统完备、高效实用、智能绿色、安全可靠的现代化基础设施体系。

《上海市城市总体规划（2017—2035 年）》提出，建设令人向往的创新之城、人文之城、生态之城，具有世界影响力的社会主义现代化国际大都市。以总规为统领，上海市规划和自然资源局印发了《关于推进高质量发展，全面提升基础设施品质的指导意见》（沪规划资源规〔2023〕184 号）。文件提出，加快建成一批品质卓越、文化彰显、高效实用、低碳韧性、数字智能的新时代基础设施示范工程，持续推进城市基础设施体系高质量发展，实现经济效益、社会效益、生态效益、安全效益相统一。

基础设施是城市最基础的公共产品。其数量多、分布广，呈网络状分布在城市每个角落，因而是与居民日常生活关系紧密的场所空间。在新形势下，加强基础设施的高品质建设和更新，成为满足人民群众对城市公共产品和公共服务需求的重要途径。在以往的基础设施建设发展中注重系统性和功能性的基础上，还需要进一步关注基础设施在城市空间中的场所功能和风貌塑造。为此，必须对基础设施的选址、规划、设计、立项、审批、建设、更新等进行全过程审视，对既有设计建设模式进行转型与创新，实现从基础设施到品质市政的转变。

基础设施的高质量设计和高品质建设是一项从观念到实践的系统性工作，对标国内外先进案例提炼"设计十条"，促进建设、管理、设计各界转变观念，开展重大工程设计灯塔示范行动，创建基础设施设计联盟，举办设计竞赛和展览，推广"品质市政"系列活动。本书作为"大都市营造系列丛书"的一员，与《上海基础设施设计竞赛作品集 I》成为姊妹篇，旨在探讨品质市政的内涵和外延，展示上海近期开展和已完成的具体成果，助力全社会对高品质基础设施的认知和共识，统筹协调各类空间要素，促进各参与方的衔接和合作。

本书分为上、下两篇。上篇聚焦新理念和新模式，建立基础设施与城市空间的研究框架，尝试从城市视角对基础设施进行系统分类，在此基础上，系统总结新格局下上海基础设施高质量发展的"三个趋向"和"设计十条"。下篇整编了近年来上海在基础设施规划设计实践中的新探索和新实践，案例成果涵盖了城市能源系统、供水排水系统、交通运输系统、环卫环保系统、防卫防灾系统等基础设施的方方面面。诸多案例项目正在深化、建设过程中，实施效果以最终呈现效果为准。

本书的出版希望与基础设施有关的城市管理者、运维者、规划师、设计师、建设者、从业者、有关业主展开更多的探讨，也期待得到市民的关注，收获更多意见和建议。鉴于编者眼界和水平，疏漏之处敬请指正。在此，一并感谢所有参与、参加、关心此项工作的部门单位、专家、领导和社会各界人士！

编者

2024 年 7 月

目 录

Better Infrastructure Better City

　　现今的城市基础设施有别于传统意义上的"灰色基础设施",而是与城市空间产生颇多的互动关系,并衍生出社会价值、文化价值和历史价值等多维功能内涵。

　　上篇聚焦新理念和新模式,建立基础设施与城市空间的研究逻辑,并尝试从城市视角对基础设施进行系统分类。在此基础上,高度概括新格局下,上海基础设施高质量发展的"三个趋向"与"设计十条"。

上篇
新理念·新模式

第1章
基础设施与城市

——

从城市视角入手，探讨基础设施与城市发展的互驯关系，从城市规划视角对基础设施进行分类。上海是中国现代意义基础设施的发源地，要了解当前基础设施的发展情况，必须了解其近现代以来的发展历程和演进，以期理解其与城市建设发展的紧密关系。

1.1 从城市视角关注基础设施

　　基础设施的本质是对公共资源的生产、运输和分配。由于具有大量重复性，因而其深层接入人们的日常生活，从而建构起一张人工地表网络，成为城市生活的空间载体。

　　作为一座超大城市，土地资源的紧约束已成为上海城市发展的新常态。根据《上海市城市总体规划（2020—2035 年）》（简称"上海 2035"），至规划期末，基础设施用地约占城市总建设用地的 1/5，其中还未含结建的基础设施。因而，基础设施的品质提升，尤其是出地面各类设施的综合水平优化，成为亟待系统研究和着力实践的重要课题。

　　占用大量城市建设用地的基础设施通过设计和更新，将原本冰冷、灰暗、单一、排他的基础设施，复合叠加新的功能，作为城市公共活动空间使用，赋予新的空间内涵和场所精神。为了区别于基础设施的传统形成过程，本书将现今正在进行中的基础设施高品质实践探索称为基础设施的"创新设计"。高品质基础设施能够在紧凑的城市空间中，实现土地集约节约利用、功能高效复合、公共空间塑造，形成具有一定辨识度的公共建筑和公共景观，完善公共空间网络，优化社区生活圈服务品质，提升城市风貌质量，激发人们更加积极主动地参与公共生活。

城市重大基础设施与城市空间结构的紧密关系

资料来源：上海市城市总体规划（2020—2035 年）

1.2 城市基础设施的分类和特点

　　基础设施是指为社会生产和居民生活提供公共服务的物质工程设施，是用于保障国家或地区社会经济活动正常运行的公共服务系统。广义的基础设施不仅包括城市能源、供水排水、交通运输、信息通讯、环保环卫、防卫防灾等公共设施，即所谓的"工程性基础设施"或者"功能性基础设施"；还包括教育、科技、医疗卫生、体育、文化、养老等社会事业，即"社会性基础设施"。"功能性基础设施"因而也称为"狭义上的基础设施"。

　　本书内容仅涉及"狭义上的基础设施"，主要聚焦城市基础设施，而农村基础设施则由于环境和需求的截然不同，需要另外开辟课题研究。

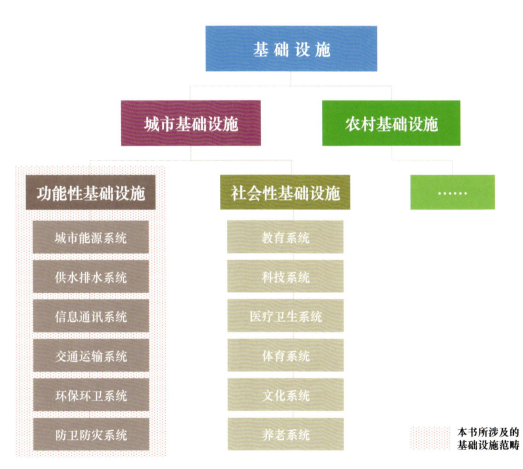

本书所涉及的
基础设施范畴

基础设施的分类

　　城市基础设施的种类繁多，并没有统一的分类方式。上海常见的基础设施可以分为 7 个系统、43 个大类。按照专业门类分，一般可以分为城市能源系统、供水排水系统、交通运输系统、信息通讯系统、环保环卫系统、防卫防灾系统以及其他。按照设施规模和形态，可以分为大、中、小型站场工程和线形工程。其中，大型站场承担生产和产生功能，如电厂、自来水厂、机场等，在城市中的数量有限，但占地规模较大；中小型站场设施在城市中呈网络状布局，量大面广，如变电站、泵站、消防站等。线形设施承担输送和运输功能，如高压线、原水管、轨道交通等，分为地上和地下两种敷设方式，地下管线往往需要布置出地面的建构筑物。如果将设施门类作为纵轴、设施规模作为横轴，可以将各类设施分布在基础设施矩阵中。

　　仔细观察基础设施矩阵会发现，基础设施与城市空间的关系从密切到疏离，大致形成三种类型的关系，即融入型、在一定条件下融入型和在特定条件下融入型。

基础设施	线形工程		站场工程		
	主体	附属设施	大型	中型	小型
城市能源系统	电力高压线、电力架空线	高压铁塔、杆架	电厂	变电站、配电站	开关站、充电桩
	供热供冷管线	阀门井			
	油气管线	阀门井、阀室、清管站	油气厂、储油库、储气库	提升泵站、加油站、加气站	调压站
	综合管线	出入口、逃生口、投料口、吊装口、通风口			
供水排水系统	原水管、清水管	阀门井	水库、自来水厂	提升泵站、蓄水池	—
	雨污水管	阀门井、透气井	污水处理厂	排水泵站、提升泵站、调蓄池	—
交通运输系统	航空	—	机场	城市航站楼	—
	轨道交通	铁路道口、城市轨交地下站的出入口、风亭组、地铁中间风井、声屏障	火车站、车辆基地	城市轨交车站	—
	水运航道	船闸	客运码头、货运码头	服务区、船闸管理用房	灯塔
	公路道路	收费站、检查站、道班房	—	长途汽车站、停车场/楼、高速服务区	街道家具、市政箱杆
	桥梁(高架)、隧道	进出口匝道、立体交通、高架立柱、声障屏、起坡段、桥下空间、隧道的敞开段、风亭、高风塔、地道排水泵站	—	—	—
环保环卫系统	垃圾输送管道	—	垃圾填埋场、垃圾处理厂(焚烧、资源再利用等)	垃圾转运站	垃圾收集站、压缩站、公共厕所
防卫防灾系统	防汛堤岸	水闸、水文站、防汛屋	—	—	—
	生态防护绿地	—	公共绿地(避难场所)	消防站	—
信息通讯系统	通信管线	光缆交接箱、分线箱	区域通信机房、数据中心、算力中心	街镇通信机房、邮政局	无线通信铁塔、基站、用户机房
其他	化工管线	—	—	—	—

基础设施与城市空间的三类关系：■ 融入　■ 在一定条件下融入　■ 在特定条件下部分融入

城市基础设施主要类型、基础设施与城市空间的关系矩阵

　　第一种类型，是与人们的生活空间和活动空间具有不可分割的关联，即"由于具有大量重复性，因而深层接入人们的日常生活，从而建构起一张人工地表网络，成为城市生活的空间载体"。这种类型中以交通运输系统为多，如轨道交通的出入口、风井、风亭等部分，是每个车站必须设置的"要件"，它们位于街道上、小区口、商业体内，是人们的生活必需品。

　　第二种类型，传统场景下通过围墙和警戒将其孤立起来，诸如泵站、基站、变电站等设施，尽管布点众多，邻避效应明显。通过技术变迁和工艺改善，通过优化设计和更新的方式，可以让这些设施得以融入城市空间，成为城市景观和公共服务的组成部分。

　　第三种类型，出于安全考虑，一般情况下位于城市边缘或必须与外界做物理隔离，如电厂、自来水厂、污水厂、燃气厂、垃圾填埋场等。但当设施面临更新改造时，在不影响安全生产的情况下，通过植入活力功能，提升设施的社会价值。

　　因而，在日常规划设计中，交通运输系统、环保环卫系统及防卫防灾系统是最常见和最普遍的设计对象，也是本书中主要展示的实践案例。

与商业体结建的地铁站（地铁南京西路站 14 号口）

出入口与风亭组一体化设计建设的地铁站（地铁杨高中路站 6 号口）

"融入"街头绿地的配电站（石门一路—奉贤路）

"充当"菜场入口的配电站（密云路 44 弄）

变身"上海自来水博物馆"的"杨树浦水厂"（杨树浦路 830 弄）
© 杨浦区文化和旅游局

改建中的"闸北水厂"（闸殷路 66 号）
© 张文易

1.3 上海近现代基础设施的缘起和发展

上海历来重视城市基础设施建设。现代意义上的上海基础设施建设始于 19 世纪后半叶。上海城市基础设施规划始终与城市总体规划同步，超前于城市建设、行走于设计前沿，以基础设施带动城市整体发展，在同时期历史条件下全球领先，建构筑物的质量和风貌亦经受了历史的眼光和考验。上海城市基础设施发展历程大致可以分为三个阶段：高点起步阶段、缓慢重启阶段、高速发展阶段。

1.3.1 高点起步阶段：1843—1949 年

1843 年开埠后的上海，租界的开辟和扩张，带来了西方近代城市建设的思想和技术，上海迅速发展成为发达的近现代工商业城市和远东国际大都会。市政设施的规划和建设是租界发展的重要内容，并成为 1931 年编制的《大上海计划》及1946 年以后编制的《大上海都市计划》的重要组成部分。

在供电方面，上海于 1879 年 5 月 28 日点亮了中国第一盏电灯。英商上海电气公司（Shanghai Electric Company）于三年后的 1882 年成立，建成上海也是远东第一家电厂，并于 1882 年 7 月 26 日点亮了上海最早的 15 盏弧光路灯。1893 年，公共租界工部局收购已改组的上海电气公司——新申电气公司（New Shanghai Electric Company），成立工部局电气处，同年 9 月 1 日在乍浦路建成 197 千瓦的中央电站。1896 年，位于九龙路 298.5 千瓦的新中央电站落成，1901 年 6 月开始日夜供电。1913 年，杨树浦江边电站（今杨树浦发电厂）投入运行，1923 年以12.1 万千瓦的容量，成为远东第一大电厂。1949 年，上海分为东、南、北三个供电地区，发电设备总容量达到 25.96 万千瓦，年发电量 10.09 亿千瓦，分别占全国的 14% 和 23.4%。由于租界与华界的长期分割，以及租界内部的各自为政，造成近代上海城市格局的离散，城市道路网络和市政设施不成系统，各地区采用不同的电压发展各自的供电网络。

20 世纪 20 年代的新中央电站和杨树浦发电厂 资料来源：《上海百年掠影 1840s—1940s》

1946 年上海市工部局
编制的上海市电气线路
图、上海市自来水管线
路图和上海市煤气管线
路图

　　在供水方面，1872 年，立德洋行建自来水厂，由于没有敷设管道，只能用木船、水车运输出售沙滤水。1880 年英商在原来水厂场地上拓展地皮注册成立上海自来水有限公司（Shanghai Waterworks Co. Ltd.），并于 1883 年建成杨树浦水厂。当时的杨树浦水厂以黄浦江为水源，净化工艺包括混凝、沉淀、过滤、消毒——即自来水处理工艺的"四步曲"，这项基本净水工艺流程沿用至今。1897 年华商自办的上海内地自来水公司水厂建成，开始向华界供水；1902 年法商董家渡水厂开始向法租界供水；1911 年闸北水电公司水厂建成，开始向北区供水；1937 年浦东水厂经过 7 年筹建，正式对外供水。

　　在供气方面，1864 年，上海建成中国第一家位于苏州河南侧、西藏路东侧，煤气厂——大英自来火房，向公共租界内用户供气。1865 年来，10 盏煤气试验路灯首次照亮了南京路外滩的夜空。1866 年法商上海自来火行建成供气。1891 年大英自来火房兼并法商自来火行，并于 1900 年成立英商上海煤气股份有限公司。20世纪初，煤气使用由照明逐步转向民用烹饪和采暖，煤气灶、煤气取暖炉和煤气热水器逐步进入上海人的家庭。1934 年，英商在杨树浦隆昌路新建杨树浦煤气厂投产，将西藏路老厂改建为输配站，保留煤气包，供应公共租界、法租界和闸北部分地区。于 1940 年在张华浜北徐家湾建成吴淞煤气厂，主要供应大柏树和江湾五角场地区。

20 世纪 20 年代的杨树浦水厂和跨苏州河的自来水管及桥南的水塔
资料来源：《上海百年掠影 1840s-1940s》

1893 年外滩汇丰银行门前的煤气路灯和 20 世纪 30 年代的杨树浦煤气厂
资料来源：《上海百年掠影 1840s-1940s》

20 世纪 30 年代的虹桥邮局和公用电话亭

资料来源：《上海百年掠影 1840s-1940s》

在通信方面，1871 年，丹麦大北电报公司建成香港—上海海底通信电缆，长达 1759 公里的沪港水线正式开通。1881 年，设立上海电报局，清廷投资的津沪陆线正式开通，并于天津成立沪津电报总局，1882 年改称中国电报总局。1882 年丹麦大北电报公司开通公共租界和法租界的电话业务，最初用户仅 10 家，后被英商瑞记洋行在沪设立的华洋德律风公司收购。至 1898 年，上海公私电话用户已有 338 户，至 1930 年已有电话用户 26281 线。

1.3.2 缓慢发展阶段：1949—1978 年

租界的分割造成上海的给水、排水、电力、煤气、邮电等市政公用设施各自为政、自成系统、互不连通、布局混乱、标准不一的不合理状况，极大地影响城市的发展和人民的生活。自 1949 年开始，市政府组织有关部门对各市政公用设施系统进行梳理改造规划，初步统一技术标准，把分散的厂站相互联通，结束了分割局面，基本形成全市统一的系统网络，保障生产发展和人民生活的需要。

1958 年，上海和周边市县完成行政边界调整，上海市的辖域面积由 606.18 平方公里扩大到 6185 平方公里。因此，1959 年，上海组织编制了第一部城市总体规划，其中包括给水、排水、电力、煤气和电话等市政公用设施系统规划。规划对城市发展的需求作了比较科学的预测，进一步完善了系统，较大程度地改善和提高了上海市政公用设施的供应能力和服务水平，较好地适应了这一期间城市建设发展的要求。

在供电方面，1959 年的总体规划对上海电网的总体发展格局提出"两个并举"的原则，即水火电并举、区内建厂和电力网输电并举，计划扩建吴泾电厂、闸北电厂、闵行电厂，在西北郊或西南郊开辟新厂，在高桥、浏河新建热电厂。

在供水方面，按照全市用水需求，规划新建、扩建一批水厂。其中，地面水源水厂有长桥水厂、闵行水厂、吴淞水厂等，地下水源水厂有东沟水厂、高桥水厂等。

在供气方面，提出上海煤气系统发展的原则，为满足冶金、工业和民用的需要，新建吴泾、闵行、浦东、吴淞等处炼焦厂，扩建杨树浦和吴淞两座煤气厂，建设越江管道使浦江两岸联成一个大环系统。

在通信方面，对市区邮电局所主要进行调整和设备技术改造，在郊区新兴工业区、卫星城镇和农村居民点增设邮电局所。

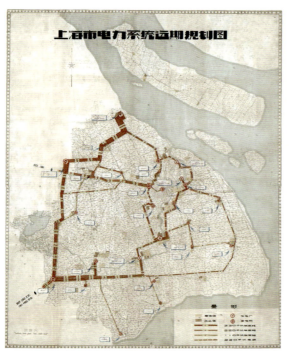 

 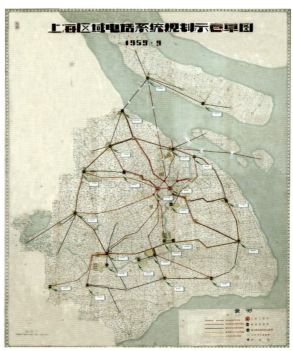

1959 年编制的上海市电力系统近期规划图、上海城市给水系统规划草图、上海城市煤气系统规划草图、上海区域电话系统规划示意草图

资料来源：《循迹启新：上海城市规划演进》

1960 年编制的上海地下铁道网路规划

资料来源：《循迹启新：上海城市规划演进》

值得一提的是，1958 年起，上海开始编制快速有轨交通规划，提出以人民广场为枢纽的三线一环、四线一环、四线二环等多个轨道交通网络方案，提出采用直径线与环线组成网络，将城市主要工业区、居民区、交通大集散点和军政首脑机关连接起来。

1.3.3 高速发展阶段：1978 年改革开放至今

改革开放以来，上海城市基础设施与城市建设一并进入快车道。在 1984 年编制的《上海市城市总体规划》中，根据城市发展总体目标和发展布局，结合各市政公用单位的系统发展计划，制定了给水、排水、电力、煤气和电话等市政公用设施系统规划。

在供电方面，针对原电力系统电源不足、装机容量小、高压电源难以送入市区的现状，1984 年总体规划预测了全市电力负荷和电量需求，提出要大力兴建电厂和输变电网络，使每个县和工业区有一座 220kV 变电站，以满足全市改革开放以来不断增长的用电需求。在供水方面，为在水质、水量两方面满足全市人民日益增长的用水需求，开展了黄浦江取水口上移的可行性论证。1986 年，进而开展了开发长江作为上海城市供水第二水源地的规划研究，最终建成陈行水库和月浦水厂。在供气方面，针对煤气气源严重不足的现状，1984 年总体规划提出在浦东、宝山等地建设新的煤气厂，并同步建设新的储气柜，健全煤气干管网络。在通信方面，结合铁路、码头、机场建设邮件转运站，并按照标准设置投递局和营业网点；合理设置电话交换局所，消除市县网络的交叉重叠，增加电话交换设备的容量。

　　轨道交通在这一时期得到高度重视，在 1983 年编制的《上海市中心城轨道交通网规划》中，规划了 7 条线路，总长 176 公里，规划设置车站 137 座。同时，对轨道交通沿线公交线路与车站、出租车站及停车也都做了相应的配套规划。1993 年 5 月 28 日，首条轨交线路上海地铁 1 号线正式运营。

　　值得注意的是，与以往总规不同的是 1984 年总体规划提出要保护黄浦江，确保给水水源不受污染，严格限制污水处理厂尾水排入。新建地区污水收集采用分流制，建成区内合流制地区涉及地区改造的逐步过渡为分流制。与此同时，开始上海

1984 年编制的上海市电力系统规划图、上海市中心城给水系统规划图、上海市中心城煤气系统规划图、上海市中心城电话系统规划图
资料来源：《循迹启新：上海城市规划演进》

市中心城合流污水治理工程的规划研究。利用中心城原有合流管道系统,埋设截流管,将合流污水集中输送到长江口边,经简易处理后通过扩散管深水排放。一期工程先截排入苏州河的城市污水,使苏州河水质达到三级水体标准;二期工程截排入黄浦江的污水,使黄浦江的水质达到二级或三级水体标准。

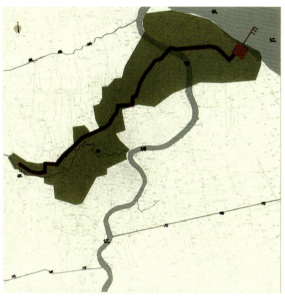

1983 年编制的上海市中心城轨道交通网规划示意图、合流污水治理(一期)总管走向示意图

资料来源:《循迹启新:上海城市规划演进》

1984 年编制的上海市污水工程系统规划图

资料来源:《循迹启新:上海城市规划演进》

027

进入 21 世纪，上海的市政公用基础设施建设已基本摆脱"欠账"的被动局面。1999 年总体规划明确，基础设施应根据现代化国际大都市的要求，从数量和质量上满足城市经济、社会发展和人民生活的需要。

在供电方面，规划调整优化上海能源结构，降低燃煤机组比例，发展新技术，降低能耗，采用清洁能源，积极争取区外来电，开发可再生能源，改善上海城市环境质量。在供水方面，无论黄浦江上游引水工程还是长江取水，最重要最迫切的任务是要保护水源，控制水体污染的进一步加剧，上海不仅要做好城市本身污水的治理工作，切实加强对城市污水治理的力度和速度，还要配合国家有关部门在更大的区域和流域范围内，积极做好环境治理工作，使水资源能得到持续的保证。在供气方面，东海油气田开发利用，标志着上海一次能源供应开创了天然气开发利用新局面，在城市用地规划中保留引进多种气源所需要的海底管登陆点、码头、门站、储罐站和输配管网等设施，为本市大规模引进天然气作好准备。在这一时期，雨水排水、污水排水、水利水工的提标升级，以及大容量城市轨道交通系统建设等工作，是城市基础设施重要的重中之重，大幅提升了城市安全保障能力。

"上海 2035"进而提出，在区域协同角度思考基础设施的发展，面向区域，合理布局各类空间资源，建立更加有效的区域协调发展新机制，加强跨区域的基础设施和生态环境共建共享。

在供电方面，在市内电源现状格局基础上，结合崇明越江通道同步增加上海北部外来电。市内电源根据需要继续发展完善石洞口等电源基地，做好吴泾—闵行地区电源优化调整工作，同时加强新能源和分布式供能系统的建设。在供水方面，加强与江苏、浙江在长江和太湖流域水资源供应方面的战略合作。进一步开拓黄浦江、长江口水源地，挖潜扩能青草沙水源地。完善以中心水厂为主的集约化供水格局，进一步提高城乡供水水质，加强清水和原水两张"水网"的统筹协调和优化调度，提高城乡供水安全保障能力，实现城乡供水均等化。在供气方面，构建由管道天然气和 LNG 为主的多气源供应格局，形成供需平衡、气源结构合理、主干管网互联互通、应急保障体系完善的现代化城市天然气系统。积极争取新气源，主动参与国家气源引进和通道工程建设。加强与长三角天然气管网互连互通，形成管网反输能力，增强调度的灵活性，实现区域应急互助。在通信方面，发挥上海亚太信息通信枢纽作用，推动新跨太平洋国际海底光缆工程与"京沪干线"量子通信干线工程，搭建信息资源共享交换平台和公益性服务平台，探索数据中心服务的跨省市合作途径，率先推进智慧城市与互联网示范城市建设。

"上海 2035"还新增了区域综合防灾体系章节，全面统筹协调流域防洪工程和重点水系布局，加强防洪排水能力建设，完善现代区域防汛保障体系；统筹协调区域救援通道、疏散通道、避难场所等疏散救援空间建设，协调区域应急交通、供水、供电、医疗、物资储备等应急保障基础设施布局。

1.4 近年来上海基础设施建设的创新与探索

　　基础设施是上海城市安全高效运行的保障，也是促进经济、改善民生、防范风险的重要保障，对转变超大城市发展方式，实现城市高质量发展具有战略性、基础性、先导性作用。改革开放以来，上海的基础设施建设已取得日新月异的成就，但也呈现出系统筹划不足、设计模式单一、景观设计缺乏、粗放快进发展的短板。近年来，上海基础设施在实践中持续深化改革创新，逐步形成"指导意见—设计指南—推进平台—实施机制—宣传推广"系列行动，促进重大基础设施建设提质增效，助力打造宜居、韧性、智慧城市。

1.4.1 政策文件

　　为创新基础设施高质量发展工作制度，2023 年 5 月，市规划资源局发布《关于推进高质量发展，全面提升基础设施品质的指导意见》（沪规划资源政〔2023〕184 号）。全文分为"总体要求、推动设计引领、创新实施机制、形成发展合力"四个篇章，是促进本市基础设施高质量发展的纲领性文件。

　　文件主要内容包括：一是总体要求提出 4 个原则，即"坚持以人民为中心、坚持高质量发展、坚持设计引领、坚持管理创新"；确定主要目标，即"加快建成一批品质卓越、文化彰显、高效实用、低碳韧性、数字智能的新时代基础设施示范工程"。二是推动设计引领，突出 5 个聚焦，即聚焦整体城市空间，加强空间布局和集群风貌的系统谋划和分类指导；聚焦周边场地特征，采取"显性"或"隐性"设计策略；聚焦公共服务需求，为 15 分钟社区生活圈提供"美好生活盒子"和公共开放空间；聚焦城市安全韧性，强化绿色低碳环保；聚焦数字智能升级，探索地下空间智慧化场景应用。三是创新实施机制，把握 6 个环节。突出设计和管理为主要抓手，将品质提升合理嵌入基础设施规划建设全生命周期中，包括专项规划、设计条件、设计方案、专家评审、建设实施、工程验收等关键环节，细化管理内容，明确参与各方工作职责，共同推进品质提升落地实施。四是着力 4 个方面，形成发展合力。搭建品质提升推进平台，加强多方联动工作机制；依托专业人才，开展多专业联合设计和专家指导；开展专项行动，完善各类基础设施设计系列导则，开展重大工程设计示范行动，带动全市基础设施品质提升向纵深发展；通过媒体、展览、交流等形式加强宣传推广，促进发展成果共建共享。

1.4.2 系列研究

自 2016 年起,上海持续推动各类基础设施的专项规划设计研究,重新审视专项基础设施的基本功能与城市生活交往的关系,完成了《上海市街道设计导则》和《上海市河道规划设计导则》。其中,前者从"重视机动车通行"向"全面关注人的交流和生活方式"转变,从"道路红线管控"向"街道空间管控"转变,从"工程性设计"向"整体空间环境转变",从"强调交通效能"向"促进街道与街区融合发展"转变;后者从"主要重视安全保障"向"全面构建复合功能"转变,从"生产生活基本功能"向"生产、生活、生态综合功能"转变,从"水域本体"向"水陆统筹"转变,从"水利工程设计"向"整体空间设计"转变。两项研究获得全国和上海市多项规划设计奖项。结合轨道交通、供水排水等具体项目,近年来持续开展"基础设施出地面设施景观提升"研究工作。

为提高认识,提升城市精细化管理水平,2022 年市规划资源局牵头组织多专业技术团队开展课题研究,研究剖析了全球 300 多个基础设施优秀案例,编制《上海基础设施规划设计指南》,提炼"设计十条",通过广泛宣传推动理念转变和设计创新,促进重大工程规划实施向高质量发展转变。为确保重大工程工作效率和品质提升。2023 年出版的《油墩河谷——上海油墩港航道工程及周边区域空间规划设计》,系统总结大型基础设施带动地区发展的历程。

《上海市街道设计导则》

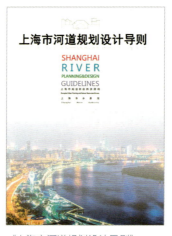

《上海市河道规划设计导则》

《上海市基础设施规划设计指南(2022)》

《油墩河谷:上海油墩港航道工程及周边区域空间规划设计》

1.4.3 实践创新

聚焦年度市重大工程，以品质提升平台持续推动设计示范"灯塔行动"。在严格确保开工计划的前提下，通过设计方案优化比选，落实基础设施高质量发展。规划先行、设计赋能，逐步建立多专业、众创联创机制，系统谋划、整体协同、有序推进。

2021 年以来，陆续策划生成竹白连通管（管线）、中央商务区排水泵站（场站）、油墩河谷（航道）、示范区线、21 号线（地铁）、23 号线（地铁）、闸北水厂（场站）等一批基础设施试点示范性项目，以实际工作践行"人民城市"理念，确保重大工程提质增效。

2023 年 8—12 月，紧密依托建设主体、多专业设计团队、市区及行业多部门共同推进，上海首次举办中小型基础设施设计竞赛，探索品质市政创新设计机制，突显四大特点，一是联合搭台、合力推进；二是大师评选、专业公正；三是行业升级、管理转型；四是融合地区、温暖城市。

"集成创新 · 都市营造"2023 上海基础设施设计竞赛评审现场

"集成创新 · 都市营造"2023 上海基础设施设计竞赛颁奖典礼现场

2024 年开始，国际方案征集作为提升设计品质的重要工具，引入基础设施规划设计领域。"上海轨道交通崇明线 三转换井两车场建筑景观概念方案全球征集"是上海尝试以中小型基础设施出地面设施为题材，开展国际方案征集工作。国内外建筑、景观团队以跨专业的视角，破题转换井、车辆段和停车场等概念设计方案。引领新时代的基础设施迈向设施复合化、界面公建化的高品质方向，基础设施的设计方案需思考赋予周边社区需要的功能，打造亲和的外观，融入城市空间氛围。

东靖路车辆段国际征集获奖方案

陈家镇停车场国际征集获奖方案

长南、长北、崇南三个转换井国际征集获奖方案

上海轨道交通崇明线 三转换井两车场建筑景观概念方案全球征集成果展览

1.4.4 公众参与

为扩大基础设施优秀作品的社会影响力，"2023 上海基础设施品质提升优秀作品展"是全国首次以基础设施为主题的专业展览，展出上海城投、申通、申铁等建筑主体正在推进建设的一批示范性重大工程优秀方案，并通过新闻媒体、网络投票、交流分享等形式开展宣传推广，激励建设、设计、管理各方积极性，提升了公众参与度和关注度，促进市民的获得感、幸福感和安全感，推动了基础设施高质量发展成果开放共享、共建共治的新格局。

"集成创新·都市营造" 2023 上海基础设施品质提升设计成果展

第2章 基础设施的高质量发展趋向

　　基础设施是城市运行的基本保障，是与城市居民密切相关的公共产品。在新形势下，加强基础设施高品质实施和更新，是满足人民群众对高质量公共服务的重要途经之一。在以往的建设过程中，更多的是关注基础设计的安全性和功能性，而对其空间的多义性、功能的多元性和技术的先进性等方面关注不足。为此，有必要全面审视基础设施处从选址、规划、设计、实施、更新的全过程，结合上海实际，在思维方式、营造方法、组织模式等方面开展系统性的创新转型。

2.1 思维方式的创新性趋向

2.1.1 从专注"功能保障"向融入"国土空间"转变

城市基础设施是社会发展、城市经济的基础和支撑体系。城市基础设施的完备程度不仅直接影响城市居民的生活质量，而且直接影响城市的建设与经济发展。滞后或配置不合理的城市基础设施影响城市建设的发展和城市经济发展。适度超前、布局合理的城市基础设施不仅能满足城市居民生活和工业生产的要求，而且有利于带动城市建设和城市经济发展，保障城市健康持续发展。因此，建设系统完备、功能齐全的城市基础设施工程系统是城市建设最重要的任务之一。

城市基础设施规划应当依据城市的发展目标和各层次国土空间规划，遵守国家法规、有关规范和技术规定，在一定时期内指导各项基础设施的建设。各类城市基础设施专项规划相关空间要素应纳入相应层次的国土空间规划，并进行空间综合平衡。各类规划、规划与工程设计之间相辅相成、紧密联系。在土地紧约束条件下城市基础设施规划和设计应满足各项基础设施建设用地和空间的需求。

基础设施规划设计在国土空间规划体系中的作用和地位

2.1.2 从"粗放生硬"的刻板印象向"城市玄关"积极界面转变

基础设施缺乏美学向度的要求，同时因为较高的隔离防护要求，逐渐在市民心中的形象模糊。实际上，城市基础设施承担了促进城市发展、保障城市安全、增强城市韧性的重要角色，市政基础设施已逐渐从城市运行的幕后走向市民生活的前景。在此背景下，亟须扭转市政基础设施的刻板印象，通过高水平的规划和设计，使其成为"人民城市"的生动体现。

2.1.3 从增量时代的"新建"向存量时代的"更新"转变

城市更新是城市发展永恒的主题。加快推进城市更新，是城市建设进入新阶段的必然选择，是践行人民城市理念的内在要求，是提升城市核心功能的重要支撑，是推动经济持续向好的重要抓手。然而，基础设施的城市更新是一项新课题，一方面需要符合当下的工艺流程和工程技术要求，也需要补充和完善公共服务，与"15分钟社区生活圈"建设相结合，还必须考虑高品质的城市色彩、建筑风貌和景观环境等内容。

"江南水链"示范区线、"都会强链"机场联络线和"海天七星"南汇支线共同构成长达 150 公里、从淀山湖到滴水湖、从长三角绿色生态一体化示范区到临港新片区、跨越上海东西的都市主脉。其中，示范区线途经金泽古镇、朱家角古镇、青浦新城、虹桥国际枢纽等核心地区，成为面向全市、面向全国、面向全球的门户，基础设施就是人们踏足并留下第一印象的"玄关"。在轨道交通选线阶段，不仅要考虑路由的工程可行性，更应考量沿线地区的优化和转型需求。

示范区线、机场联络线、南汇支线在上海城市空间的意向表达

宝山路站位于静安区宝山路与交通路交叉口西南侧，于1995年12月4日获批，2000年12月26日通行上海地铁3号线，2005年12月31日通行上海地铁4号线 。二十余年来，宝山站的使用困境逐步展现，如入口空间无法承载大量客流的驻足、车站本体的建筑设计缺乏与紧邻建筑的呼应，等等。车站的改建和扩建充分利用车站和轨道下方空间镶嵌"美好生活盒子"公共服务空间，在建筑立面上也进行"微改造"，使得站前的交通路第一次拥有"积极界面"。

地铁宝山路站改造前 © 张滢心

地铁宝山路站更新效果示意

2.1.4 从聚焦"应急设施"向注重"平急两用"转变

"应急设施"是城市基础设施的特殊类型。"平急两用"不同于传统的应急设施——简单说，就是具备日常运营功能，同时具备应急响应能力的基础设施。这类设施的建设，不仅能够有效补齐超大、特大城市应急能力建设的短板，还可以提升超大、特大城市的品质，更好统筹发展和安全问题。

"平急两用"设施的"平"时用途大多与传统公共基础设施相近，如民宿酒店等旅游居住设施、医疗应急服务点、城郊大型仓储基地等；"急"时则可满足地震、洪灾、火灾等紧急情况下的应急隔离、临时安置、应急医疗、物资保障等需求。

对于"平急两用"，一是根据城市实际情况和应急需求，制定"平急两用"公共基础设施建设专项规划，优化空间布局和供给结构，避免重复建设和碎片化管理；二是制定行业规范和技术标准，促进开放共享；三是提升整体效能，兼顾平时和应急两种情景下的双重任务，做到平时不闲置浪费，应急时转换高效，提升能力、完善机制，加强"平急两用"公共基础设施功能转换、风险应对、安全保障等能力建设，建立和完善"功能转换、协同反应"机制，推动应急管理能力走向现代化。

位于徐汇滨江的集装箱旅舍，"平"时作为青年公寓，提供可负担的临时居住场地；"急"时可提供应急专用服务设施、避难所等功能。作为集装箱旅舍的配套设施，"六艺亭"曾用于公共卫生服务，具有模块化、装配式、轻量化等优点；经过消杀处理后，可改造成为咖啡店、书报亭、早餐车等日常生活服务功能。

"平急两用"的"六艺亭"和集装箱旅社

2.2 营造方法的集成化趋向

市政基础设施类型众多，功能、规模和形态各异。从功能的角度，包括市政场站、交通通道、轨交铁路、街道家具等；从形态的角度，包括点状设施、线形设施等；从专业的角度，包括水、电、燃气、消防、交通等。

2.2.1 从"单体设计"向"整体空间"转变

基础设施的建设应注重规划研究，着眼城市空间，加强系统规划，力求与周边重大项目和环境营造"双向奔赴"。"一线一风格、一站一方案"是针对线形基础设施非常有效的规划设计方法。将线形工程放在城市总体规划框架中，识别其整体定位和作用，将各个站点的出地面设施放在"场地"和"场所"中进行综合研判后，再聚焦各站点的方案设计。

将公共中心地区、"一江一河"地区等公共功能和活动集聚地区、风貌区、风景名胜区等文化和景观敏感地区的重大设施作为"设计重点"，鼓励适当加强设计要求，突显设施空间和风貌特色，彰显地标性和示范作用。同时，应避免不合理地占用地、水、绿、林等资源，避免过度设计、过度装饰、重复建设。对于常规设施，在合理控制成本的基础上，以周边空间相协同，通过简约、高质量的设计建设体现高品质。

2.2.2 从"单一维度"向"综合设计要求"转变

不同类型的设施对空间利用、运行管理等方面的要求都有所不同，这些专业上的要求是基础设施提质增效规划设计的前提和基本出发点，是方案审批和设施管理的依据，更是设施能够正常发挥功能、持续安全运行的基本保证，需作为底线型的规划设计条件予以保障。

同时，各类基础设施的专业标准不应成为设计实施的全部准则。由于基础设施在城市地表形成"网络状"的分布，会"遇到"纷繁复杂的区位条件。因此，在基础设施开展景观设计之前，需要细致审视其所在区域的现状条件、已规划的情况、周边地块建设实施的情况和时序，并综合判断基础设施的布局形式和形态要求，如是否结建、是否增加或减少出入口、是否融入环境或者突显其雕塑感、能否为周边社区融入更多服务设施等等。

市域线示范区线的朱家角站充分展示了从"一线一风格、一站一方案"的空间设计逻辑推导过程。由于示范区线朱家角站周边地区的规划设计远远迟于站点设计和建设，因此在站点设计中，优先对其周边地区的空间定位、城市风貌、交通需求进行了细致的研究。同时，为了加强与地铁17号线朱家角站的步行联系，为地块带来更大的流量和价值，进一步提出步行连廊的设想。

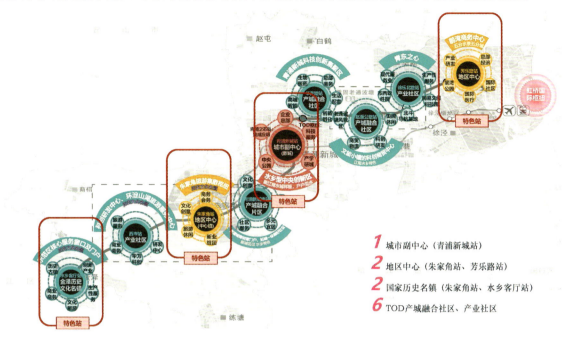

市域线示范区线"一线一风格、一站一方案"示意图

朱家角站及周边地区规划设计示意图

通常情况，在正式进入设计流程前，必须开展前期策划研究工作，通过绘制包括但不限于周边开发动态图、周边相关地块规划用地图和设施风貌控制图等图纸及说明性文件，精细化指导下一步设计工作。

周边开发动态图中展示了基础设施600米范围内，各地块和基础设施的开发情况及时序，帮助判断基础设施建设时序与周边地区的关系。周边地块规划用地图是基础设施规划设计与相邻地区规划协同整合的重要平台。设施风貌控制图展示了设施具体设计时，需要考虑的空间要素和设计要求。图纸的表达内容层层递进，帮助设计师更快速、更精准地开展详细设计。

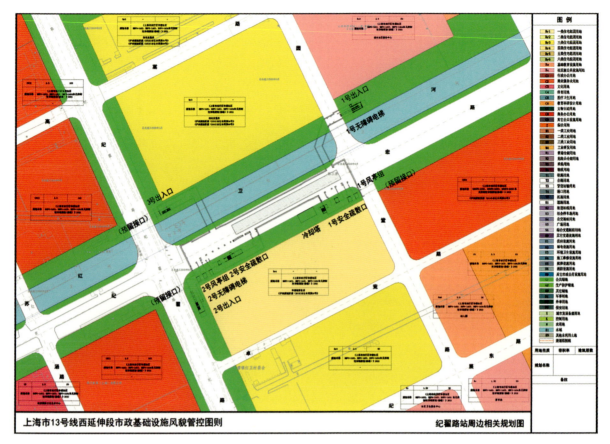

轨交站点周边地块规划用地示例

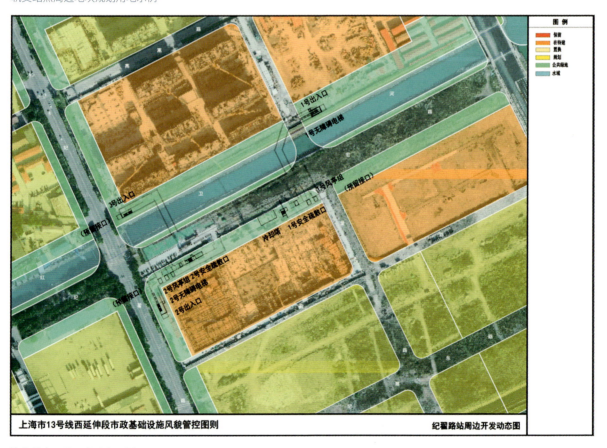

轨交站点周边开发动态示例

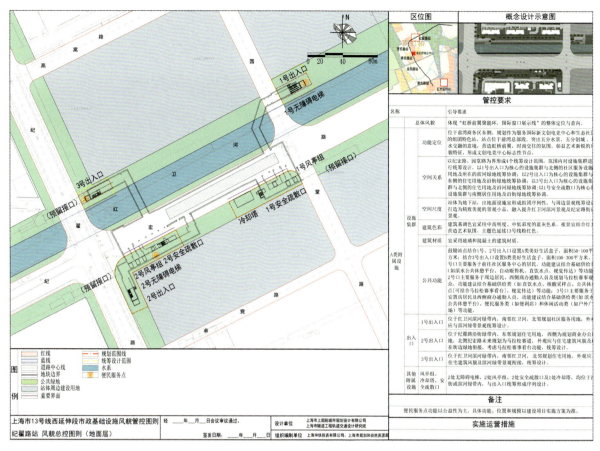

轨交站点出地面设施风貌控制示例

2.2.3 从"标准图"选型向"分级分类"开展设计转变

面向基础设施功能和风貌提升要求，基于突出重点、控制成本、强化效果的考虑，工程师通常按工程性指标对基础设施进行简单分类，如"一般设施"和"重点设施"并依此选择相应的标准图，但往往缺乏对"分类"的空间逻辑的推导。

在"一线一风格、一站一方案"基础上，进一步叠加市政基础设施与周边功能、空间统筹考虑的维度。结合设施所处的公共活动中心、居住片区、产业片区、风貌区、郊野地区等不同区位，对其功能和空间有不同的要求，在保障系统性功能的基础上，考虑设施在功能上融入周边、在空间上整合联动。

位于公共活动中心的设施，应更加注重设施自身体量的消隐及与周边项目的结建，注重设施风貌对地区活力和都市感的塑造，更加注重设施空间与周边公共空间系统的联动等。对于位于居住地区的设施，应更加注重宜人的空间尺度、温馨的建筑造型、典雅的建筑色彩等。对于位于产业地区的设施，应更加注重产业创新气质的彰显、交通接驳的安排、公共服务功能的植入等。对于位于风貌区的设施，应更加注重尺度、造型、色彩等方面满足风貌保护的整体要求，与周边地区风貌协调融合等。对于位于生态郊野地区的设施，应更加注重与周边生态环境、市民休闲游憩活动的结合等。

上海已建的地铁站点展现出明显的工程设施风格和功能设施风格。经过"分级分类"设计的地铁出地面设施，关注到了站点所在的区位，包括（但不限于）生态空间、滨水空间、工业历史和人文关怀等方面。这些积极的尝试，期望成为上海未来城市空间一道亮丽的都市风景。

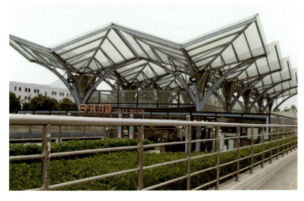

已建站点实景照片

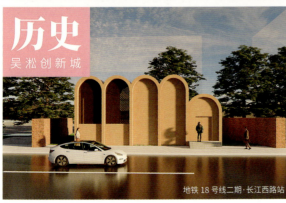

新建站点效果示意

2.2.4 从灰暗冷峻的"单色调"向丰富灵动的"多样性"转变

　　基于功能的转变，城市基础设施对自身空间和风貌给予更多的关注。基础设施风貌的改善有助于设施更好地融入所在环境，提升设施的美感与艺术性，从城市中不被重视甚至刻意隐藏的负面景观成为有温度、可阅读、高颜值的艺术品。

> 基础设施可以变得丰富多彩，随着环境的变化，基础设施可以是桥下的城市客厅，可以是河畔的绿色景致，可以是亲水的社区看台，可以是古镇的入口玄关。

甘肃 110kV 变电站（已建）

示范区线·西岑站（在建）

崇明线·高宝路站（规划）

基础设施"多样化"的呈现方式

2.3 组织模式的开放式趋向

2.3.1 从"泾渭分明"向"集成联创"转变

2021 年开展"设计十条"的研究，以促进基础设施传统设计观念的转变，开启多专业共同参与市政基础设施设计，形成基础设施多专业联创众创机制。由规划资源部门牵头，以"1+1+N"的工作模式，在以往工程设计基础上，采用工程设计、总体策划、建筑及景观设计等多专业联合创作模式，联创众创，切实提高设计方案的艺术性、人文性和特色品质。其中，第一个"1"，是以工程设计单位作为技术统筹，明确基础设施的工程设计要求；第二个"1"，是以总体策划单位作为设计统筹，负责设施定位与空间意象、功能引导和风貌主题等总体层面的研究；"N"是指多家建筑及景观设计单位、设计师团队，在工程设计要求和总体策划指引的基础上开展设计，通过多方案比选，提升设计水准。

2022 年 6 月建立上海基础设施设计联盟，让更多专业的人加入基础设施设计平台，参与到规划设计实践中，形成厚实的多专业设计力量。

在基础设施规划设计中，各专业的工作界面和分工为规划单位完成总体策划和分段指引，并向下传导；工程设计单位与建筑景观设计单位一道，完成每个点位的具体设计。

规划资源主管部门
组织多专业、多部门开展集成联创工作

+

"1"工程设计团队
明确基础设施的工程设计要求，提供工作底板

"1"总体策划团队
梳理地区情况和发展诉求，明确规划愿景、定位、设计指引

"N"建筑/景观设计团队
开展概念方案设计，衔接后续方案深化细化

+

总体策划层次
一线一风格

概念方案层次
一站一方案

"1+1+N"工作模式

2.3.2 从"条块分割"向"多方协同"转变

2021 年 10 月起，上海市规划资源局借助品质提升推进平台，协同市区两级投资、建设等行业主管部门、各类基础设施建设、设计、施工单位，将重大工程设计方案优化比选提升到新高度。在确保重大工程开工的前提下，打破条块林立的行业壁垒，促进基础设施与地区发展的整体协同、衔接实施、提质增效。在实践中边思考边总结，集成各方智慧，建设了一批"品质卓越、文化彰显、环境友好、经济适用、安全韧性"的典型示范项目。

2.3.3 从"设计领域"向"两端延伸"转变

在基础设施与地区协同发展的理念指导下，进一步将基础设施设计工作分别向前和向后延伸开去，向前延伸指对于基础设施周边规划有所欠缺的项目，以基础设施为核心，补充开展其周边区域规划协同研究，将整体设计方案锁定在周边未来法定规划的成果中；向后延伸指加强对设计方案施工监理、工程验收等闭环管理，开展设计方案还原度评估和总结，分析成本、施工、运营对高品质方案落地的影响，为美好蓝图到建成落地的最后一公里保驾护航。

2.3.4 从"独立王国"到"广泛参与"的转变

2023 年 5 月起，上海市规划资源局逐步改变基础设施的空间独享，权力独立，分割独断，设施独用的局面，通过举办全国首个基础设施品质提升设计成果展、基础设施方案设计公开征集赛，基础设施设计联盟交流分享会、编写基础设施品质丛书，以及开展基础设施公共空间需求调查等系列活动，探索"人人参与、人人负责、人人奉献、人人共享"的基础设施公众参与新模式，激励建设、设计、管理各方的积极性，提升公众参与度和关注度。多措并举、集中民智，扩大影响、汇聚民意，推动基础设施高质量发展成果开放共享、共建共治的新格局。

第3章
基础设施规划设计指南

规划策划阶段　　概念设计阶段　　　　　　详细设计阶段

1 系统谋划

2 整体定位
总体定位
空间意向
区位研判
风貌指引

3 改善邻避
减少负外部效应
消除围墙和藩篱

4 彰显文化
文脉传承
时代精神
场所精神

5 功能复合
复合兼容
全龄友好
服务社区生活圈

6 开放共享
设施隐形化
设施集成化
设施景观化
设施艺术化
设施协调感

7 集约节约
集约用地
成本控制

8 安全韧性
设施安全
场所安全

9 绿色低碳
环境低优
绿色生态
清洁能源

10 数字赋能
智慧管理
体验互动

　　本章从基础设施规划设计的视角，从宏观、中观到微观，从规划策划到概念方案和详细设计，从网络系统到单体建筑和周边景观，按照规划设计阶段，总结提炼了十项基础设施精细化设计要点，并附近期实施的优秀实践案例，图文并茂地展现当下基础设施的规划设计新方法。

3.1 系统谋划

　　城市基础设施分布在城市的各个角落。在以往的规划设计中，只将基础设施看作特定功能的空间载体。事实上，基础设施的选址和设置与城市空间布局密切相关。以轨道交通为例，线路刻画了城市的重要发展廊道，每一个出入口及附属设施则是地区 TOD 发展的集中"涌现"（事物的时间量变，在同一时期大量的出现）。因此，需要把新增的基础设施放在城市总图上加以审视，寻求设施与城市的互动关系，以此成为规划设计的逻辑起点（参见第 2.1 节）。

　　此外，需要看到的是上海基础设施不仅"引领"城市拓展，更向"触发"城市更新转变。以"上海2035"为统领，特别是在城市发展空间步入总量约束、存量挖潜阶段的当下，更有必要通过加强市政基础设施与周边功能、市民活动的融合，进一步挖掘其作为承载公共活动，满足市民服务、休闲、游憩等需求的公共设施属性，通过功能复合提高城市空间、设施的利用效率。

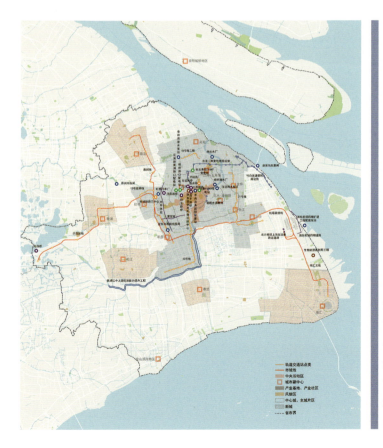

近期建设的轨交线网，深度刻画了上海"五个新城""四个重点地区"等地区，出地面的基础设施也成为地区发展和城市更新的"引爆点"。

3.2 整体定位

　　通过对沿线地区上位规划条件及现状资源本底的梳理，将宏观战略意义、规划目标、系统特征等通过风貌管控及功能管控的形式，有效传导至微观实施层次。针对每个站点，进一步紧密对接车站周边城市设计和建筑方案，实现出地面设施与周边地块的紧密衔接和统筹设计，形成设计要素图则（参见第 2.2 节），对后续建筑和景观设计的要求进行传导，以保障最终设计和建设质量。

3.2.1 总体定位和空间意象

　　将城市基础设施放在上海城市空间的版图上，按照"上海 2035"要求，明确城市空间赋予基础设施和区位的要求。在定位上，结合线形工程的特点，提升公共服务均质化供应能力，促进城市特定地区整体提升和零星更新，不断改善城市环境和营商环境，成为城市功能的空间载体。基于线路特质高度概括基础设施的意象和风格色彩，提高辨识度，为沿线地区发展做出高质量示范，描绘高品质愿景。

3.2.2 区位研判和风貌指引

　　在总体定位基础上，深入思考基础设施与城市功能和空间结构的关系，进一步细化分段定位及风貌。城市副中心、地区中心等公共活动区域，应强化基础设施与周边项目的结建，注重活力塑造和空间联动，触发城市更新和创新转型。产业地区应突显创新创意气质，强化交通接驳和公共服务考虑。居住社区注重宜人尺度和温馨风貌。生态郊野地区突出融入环境、兼顾休闲游憩等。

　　结合线形和点状基础设施的空间特质，分级考虑设施景观和功能设计。以轨道交通为例，选取在交通上具有多线换乘功能或在区位上具有重要性的设施作为特色设施，在风貌色彩上突出设计感，突出为所在地区提亮增色、引领线路标志性风格的作用。对于常规设施，在合理控制成本的基础上，以邻近特色设施为依托，通过简约、高质量的设计建设体现高品质。

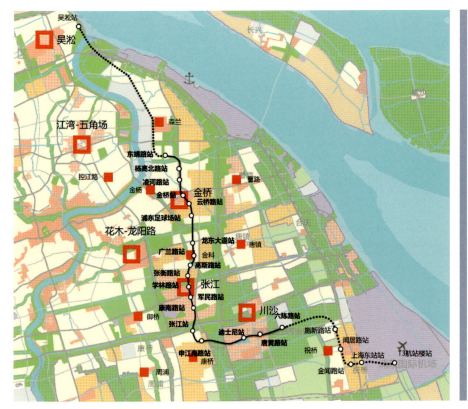

以地铁 21 号线为例，两端联系东方枢纽、吴淞口国际邮轮港两大对外开放枢纽，串联外高桥、金桥、张江三大自贸片区及上海国际旅游度假区，连接金桥、张江两大城市副中心，是服务浦东综合改革试点、上海全球城市特别是科技创新中心建设的重要设施，在定位上突出"两港纵贯线、全球创新链"的战略作用。

地铁 21 号线结合沿线区域特征，在整体定位基础上进一步细分为滨江新生（高化滨江）、智能制造（金桥、高行）、未来科学（张江）、休闲度假（度假区）三个主题区段及副中心、生活社区、度假区等三种类型的六个次级功能区段，在此基础上分类考虑轨交线路的设置方式与风貌色彩。

审图号：沪 S（2023）26 号

地铁 21 号线的定位和风貌示意

3.3 改善邻避

　　从专业技术角度，通过基础设施的工艺和技术的升级，可以有效消减邻避效应，将有害气体粉尘、噪声震动等负面影响降至最低；运用设计手法，树立积极正面的城市空间形象，改善人民群众对基础设施的心理感知。从目标机制设计，避免简单套用环境评价标准，更多关注周边人群的需求。鼓励基于人的活动流线，设计提升设施使用的便利度、舒适度和趣味性。

3.3.1 减少负外部效应

　　部分基础设施带有"天然的"负外部效应，其中以环卫设施为典型代表。减少环卫设施的有害气体、降低轨道交通的震动、消减电力和公路设施的粉尘排放，特别是接近人居环境的基础设施，应充分采用降噪、吸收、强排等方式，加强环境影响评估。

　　垃圾收集、公厕、污水闸门等设施，均可通过气流引导，积极处理有害或异味气体或进行定向排放，避免直接散发，保护空气质量；通过地形、构筑物等的消声或隔措施，修复声环境，并注意隔声构件自身的美观和亲和力；对垃圾焚烧设施排放的粉尘或交通设施带来的扬尘，采用屏蔽隔离或过滤收集等方式，消减因设施建设、运行带来的粉尘污染。

■ 竹园和白龙港是上海的两个特大型污水处理厂，坐落在东海之滨，与长兴岛郊野公园隔江相望，处理能力占中心城区的 80%。竹白连通管是连通两大污水处理厂的污水干管，可发挥跨片区的应急调度、水量调配等多重功能，增强污水输送及处理系统的功能韧性，为市级重大工程。在总体规划构思上，将竹白连通管比作城市"生命线"并结合沿线地区特征进一步将 15 处设施划分为"生命的悦动""水之灵秀"和"潮之神韵"三个主体分段，并结合不同附属设施的功能特点逐一展开设计，对所处的分段风貌进行具象化落地。

竹白连通管出地面设施模型

■ 甘肃 110kV 变电站位于苏河湾万象天地内，呼应万象天地城市峡谷理念。项目整体体量都藏于苏河湾绿地的地下，地上仅一层。地上部分在绿植的环绕下，巧妙与绿地融为一体，表皮采用与万象天地商业综合体相同的铝板，整体和谐、层次丰富，成为绿地内的独特风景，有效地避免了变电站建成后可能带来的"邻避效应"。

甘肃 110kV 变电站实景照片

3.3.2 消解围墙和藩篱

通过技术更新，在物理消除邻避影响的基础上，弱化基础设施高冷、隔绝的刻板印象，通过积极地营造和贡献，改善人们的感知。针对具有邻避成见的设施，通过景观外观设计，传达积极、宜人的感受，化解心理抵触；在规划设计可融入和在一定条件下融入基础设施时，应积极保持无围墙和无藩篱的运用场景，把基础设施作为城市环境和空间功能的有机组成部分。在条件允许时，合理地循环利用设施运行产生的肥土、煤渣、中水等副产品，成为地区生产生活的积极参与者。

武宁路桥下驿站是苏州河普陀段两岸公共空间贯通中先期示范建设的三座市民服务驿站之一，位于武宁路桥北岸跨光复西路的桥洞下。选择武宁路桥下建设驿站，旨在在城市更新语境下探索城市空间资源盘活，将桥下消极空间积极化并进行环境品质提升，塑造向社区倾斜的日常公共空间。驿站的可建范围仅为道路两侧人行道之外 2.5 米深、36 米长的狭小场地，项目顺应原有护坡，在路北打造开放的阶梯式"城市看台"，两端预留了作为休息室或道班房，架在坡上稍高于路面，并在其长窗下沿着人行道设置座椅。路南紧贴防汛墙和桥墩，在两端分别布置紧凑的隔间型卫生间和自动售卖机、储物柜等服务设施，中间与城市看台相对的是一个"迷你客厅"，可开可合多功能使用。

武宁路桥下驿站实景照片 © 杨敏

3.4 彰显文化

基础设施设计应充分尊重所在地区人文的历史底蕴,创新性地彰显时代风貌,增强本土文化自信。在设计过程中,从在地文化底蕴中汲取养分,挖掘设计要素;提炼设计理念、哺育设计创新,呈现令人向往的时代作品。

3.4.1 文脉传承

深刻认知基础设施所在的区域文化,如对于历史文化风貌区或街坊、红色遗址、江南水乡等,充分探寻其历史背景,从中汲取设计元素、契合景观风貌、充实设计内涵。通过直接运用历史风貌元素或间接运用传统风貌韵味,传承历史文化风貌,促使典型历史风貌在现代设施上的转化、再生;深度挖掘文化积淀,以设施的功能、外观为载体,讲述历史故事、展示历史技艺、宣扬历史节庆、纪念历史人物等等,使无形遗产有形化。

城市规划展示馆地下空间连接地铁人民广场站,以万里滔滔江水为主题打造的地下公共交通空间,天花采用参数化设计的造型模块,塑造出浪潮并巧妙隐藏设备。原本压抑的、功能性的地下空间变成一个属于全上海市民的、诗意和愉悦的城市社交文化场所。

地铁人民广场站 2 号口实景照片

3.4.2 时代精神

保持对引领时代文化导向的责任感，既响应"大趋势"的号召，又体现设施自身的探索与思考。紧扣科技发展进程，引导科技运用创新，以新形式、新技术、新材料全面支持设施的品质提升。运用类型化的设计风格满足当前的公共审美需求，为越来越丰富的公众文化、时尚文化代言，令不同喜好的人群感受到文化归属。

3.4.3 场所精神

在同一工程中的线形场站或附属设施，应当同步设计、建立空间景观联系，诠释同一设计主题，加深城市环境的氛围感和故事感。一组同地、不同类的设施，可进行跨类型的主题化设计，风格同一、相互映衬，形成浓郁的场所感。对渐次展开的系列设施，可结合自身系列定位和所处不同地段背景寻求统一与差异，首尾相连、遥相呼应，形成城市中可追溯的空间足迹。

下盐路站为路侧高架两层车站，项目位于航空产业区内，毗邻浦东 T3 航站楼，"航空"主题突出。同时基地紧邻城市主要道路两港大道，是主要的城市展示界面。项目以"展翅未来"为设计理念，象征着航空产业区"探索世界、展翅飞翔；凝聚航空文化，一起飞向未来"的美好意愿，整体意象取自飞机形象，抽取从两翼到舱体的流动曲线，构成建筑的主要形态，曲线独有的张力展现航空工业的大气磅礴；立面通过有序渐变的横向杆件、顶部的构架曲线强化展翅意向；色彩选取与飞机材料相近的银灰色调，搭配银蓝色增加立面层次，塑造彰显大飞机的产业文化的内敛精致、大气简约的门户形象。

市域线南汇支线下盐路站效果示意图

地铁 21 号线广兰路站、龙东大道站位于张江科学城北部社区，周边以居住功能、集成电路与生物医药产业功能为主，两个站点采用相同主题系列设计。设计以"让科技回归生活"为理念，意图以"家"为原型，把"美好生活盒子"装入其中，在日常城市交通的环境节点中，为市民创造一个有归属感的近人尺度场所，一个有庇护感的短暂停留的"家"。

地铁 21 号线广兰路站、龙东大道站效果示意图

3.5 功能复合

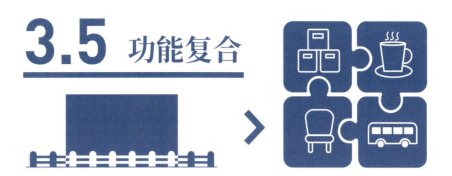

3.5.1 复合兼容

结合基础设施的特点,适应性地植入"人民坊""六艺亭"等社区功能,使基础设施的复合利用成为社区生活圈公共功能的空间载体。基础设施复合兼容其他适宜的功能,即合理利用设施自身体量或结构构造等形成的富余空间,开展衍生设计,使之承载其他服务功能或开放空间。在功能选取上,充分利用独特的地理位置,拓展完善公共服务场地或社区服务设施。在保障设施与社区服务兼容性的基础上,根据所在地区与社区的品质提升需求,针对性加入社区文化、体育、商业、卫生和开放空间等服务内容。植入开放性的城市功能,大至公共活动场所,小至环境小品,充分挖掘"连带"贡献,提升部分品质,发挥潜在活力;考虑为创新展示、创意产业等富有生命力的功能提供可改造、可利用的"柔性"空间,为城市营造特色场所。

3.5.2 全龄友好

在受众群体特征较突出的地区,应针对年龄段、性别、弱势群体的使用特征,进行定制化设计,满足受众的差异化需求。为儿童的体形、吸引点和活动能力等作特定设计,提高安全性和趣味性。关注女性在生理和心理上的双重保护要求,并延展至母婴阶段的使用便利。根据长者和残障人士的视听能力和行动能力作无障碍设计,进一步提高设施使用者年龄层广泛度和复合度。

3.5.3 服务社区生活圈

基础设施加强功能复合的最终目标是,关怀全龄人群,完善惠民生、暖民心的"15分钟社区生活圈",因地制宜设置"美好生活盒子",营造有"温度"的城市。鼓励既有设施升级改造或更新转型,适配新兴功能、丰富城市活力。基于人的活动流线,设计提升设施使用的便利度、舒适度和趣味性等,兼顾不同人群的差异化需求,对各年龄段均呈现友好的使用体验。避免基础设施空间孤立、功能单一,以硬质封闭围墙隔绝城市空间,与社区缺乏共生关系。

地铁 21 号线广兰路站周边设计充分融入城市科技空间特色，共同塑造有温度的社区。科技的原点是人，人的原点是家，城市繁忙交通中，把"美好生活盒子"装入其中成为节点，便利店、花店、咖啡厅、街头表演、休憩座椅和口袋公园等结合在一起；在大尺度城市环境中，为市民创造一个有归属感的近人尺度的场所，一个有庇护感的"温暖的家"，打造全龄人群日常停留和休憩的特色空间。

地铁 21 号线广兰路站效果示意图

百禧公园实景照片

受到社会经济变化的影响，基础设施的形态、功能和风貌也会不断变化。由原货运线"西长支线"原址转型而来的"曹杨铁路农贸市场"，在历经 20 年的运营后，由于功能不适配、环境污染、安全隐患等原因被关停。取而代之的是亮丽的百禧公园，被称为上海迷你"高线公园"。它不仅仅是一个复合型的广场公园，更是一座时尚、文艺的高线公园，2021 年 9 月建成后，旋即作为上海城市空间艺术季展场之一，活动后，高线公园不仅将曹杨七个村连接在一起，更成为曹杨新村老人、小孩、家长日常活动的场地。

3.6 开放共享

基础设施向城市空间开放共享，有助于弥合城市空间碎片，整合城市景观，避免线形基础设施、出地面设施和大型场站割裂城市空间；避免小型附属设施杂乱无章、点状散布。

3.6.1 设施协调感

在基础设施设计过程中，应从多方面、多角度与周边环境形成协调关系，根据所处区域的具体情况、因地制宜开展设计工作。一般情况下应避免色彩饱和度过高、明度过低、装饰过度。针对风貌平淡、老旧的地区，清新明亮的外观形成一定程度的辨识度，提振景观，带动旧区的优化更新；针对背景风貌统一、浓郁的地区，从环境中提取风貌元素，使设施与背景融合共生、形成整体感；在邻近环境中已有重要视觉焦点的情况下，通过低调的对比或模拟，更好地衬托或强化地标。

3.6.2 设施隐形化

设施隐形化是基础设施开放共享的首要选择。统筹安排设施及其周边场所空间的布局和利用方式，因地制宜地将设施尽可能地下化、隐形化，将对公共空间的占用和影响降至最低。在保障埋深、选址和结构可行的前提下，将设施"隐藏于"地面下，与地下工程整体统筹。同时，不断优化内部组件组织的合理性、紧密性，倡导设施整体空间体量的短、薄、窄等小型化设计，便于与其他设施或其他建筑组合；在对景观品质要求较高的地区，设施的色彩、材质、体量和形态应高度贴近所处环境，使之隐没于环境中。

以轨道交通为例，各站的出地面设施，尤其是风亭、风井、变电站等设施，占用了大量的街道空间，因此在规划设计过程中应尽量使其"隐身"。在设计过程中，能结建则结建，能小型化则小型化，与街道功能和人流动线做好协同和协调。

临港开放区站为市域铁路南汇支线车站，位于南汇新城中央活动区核心区域。滴水湖核心片区定位为集聚资源配置功能的开放枢纽地、汇聚海内外创新人才的国际会客厅、彰显海湖韵多元文化的未来魅力城。车站位于滴水湖核心片区北部，南北向中央绿轴下方，周边以跨境商业、办公、贸易、文化等开放功能为主。临港开放区站为地下车站，长约 656 米，宽约 24 米，埋深约 20 米，出地面设施建筑面积约 2000 平方米。临港开放区站以"未来客厅"为设计概念。站点作为未来客厅中的"家具"，与车站设施与周边城市空间高度整合，将车站多数出入口、安全出口、风亭组等出地面设施与周边地块开发结合设置，通过下沉广场加以容纳消解，使车站完全与周边城市空间融为一体，最大限度地保障中央绿轴和城市空间整体风貌、公共活动整体流线的连续性和高品质。结合周边地块建设时序，部分出地面设施近期需独立设置，通过与整体空间融合的方式消隐与环境之中。

市域线南汇支线临港开放区站效果示意图

市域线的嘉闵线金运路站为地下站，位于居住区建筑密集区域，周边商业包括江桥万达广场以及服务周边居民的沿街商业，生活气息较浓厚，但公共活动空间缺乏，人行空间体验欠佳。站点设计以"融站于景、温暖宜居"为理念，重点处理人与环境的关系，将站体作为居民日常生活中一部分，通过出地面设施的建设改善现状问题，通过两种建筑手法分段整合各个出入口：1、2 号出入口附近出地面附属设施较为集中，1 号口与 13 号线金运路站换乘，采用下沉广场的方式组织换乘路线，增加垂直方向的空间利用，以此来增加公共活动空间及服务网点。万达广场前的 2 号出入口及冷却塔也采用下沉广场的方式，缓解本就紧张的地面非机动车交通空间，也能在视觉上减少对商业空间的遮挡。3、4 号出入口及 3 号风亭组采用统一的开放式廊庭空间整合，两种不同的元素共同打造沿金运路完整的景观轴线与亲人空间，助力片区价值整体提升。

市域线嘉闵线金运路站模型示意

3.6.3 设施集成化

当多个中小型基础设施邻近设置时，鼓励组合布置，减少占地空间，避免城市环境碎片化。根据总体策划内容对设施与城市功能、等级、风貌融合等建设标准、设施配套方面提出引导要求。具体的设计工作按照总体规划要求和图则要求进行深化研究。

大型和超大型基础设施，在符合安全要求的前提下，鼓励与城市功能集成设置。以轨道交通和车辆基地为例，应结合区位条件，设站情况，鼓励结合开发，在上盖塑造集居住、商业办公、公共绿化、公共服务、文化体验为一体的"天空之城"。

3.6.4 设施景观化

大型交通枢纽和高等级通道类设施，应重点考虑设施空间形体和结构走向，紧密楔入周边地区的空间结构，缝合和联动的设计思路促使地区格局整体化、活动流畅化、景观融合化。在地区或街区范围内，通过立体设计衔接出地面设施，统筹利用公共空间延伸、开放，整合带状空间和大型体块内外的空间；将使用过程纳入地区整体流线组织，设施内外流线互不干扰，出入设施的动线顺畅有序；作为地区景观视线框架的组成部分，注重"看"与"被看"的双向互动。设施内部尽量提供观赏地区景观的观景点与良好视野。设施位置、朝向与形态要服从地区景观结构，若不能作为地区的景观标志，则应避开主要的景观界面与视廊。

3.6.5 设施艺术化

基础设施的艺术化是"增强城乡审美韵味、文化品位"的具象化。美术、艺术、科学、技术相辅相成、相互促进、相得益彰。要发挥美术在服务经济社会发展中的重要作用，把更多美术元素、艺术元素应用到城乡规划建设中，增强城乡审美韵味、文化品位，把美术成果更好服务于人民群众的高品质生活需求。

在功能完备基础上，强调基础设施设计的艺术性、创新性、协调性，为市民提供美的享受。鼓励选择隐形化或标志性的设计手法，运用适宜体量、灵活造型、结构美学、材质色彩等方式彰显赏心悦目的设计感，促进地区空间艺术品质提升。避免设计体量巨大、风格单调、材质粗陋，影响城市景观。

■ 澄江路车辆基地是地铁 19 和地铁 23 号线的共同车站，位于"大吴泾"核心地区，最近处距离黄浦江仅 800 米。随着地区优
势的不断显现，车辆基地的综合开发提上议事日程，"城上建城"包括居住、商办学校、社区中心等复合功能。

澄江路车辆基地效果示意图

■ 平陆路（永和路—汶水路）道路新建工程位于新静安灵石社区，地处中环两翼产城融合发展集聚带。平陆路作为南北向支路，
具有提升绿量空间和辐射周边街坊的潜力，规划打破传统道路模式，从以车为本转变为以人为本，通过绿色开放的城市空间整
体提升市政道路，采用人车分隔、曲率化人行道等人性化设计，融合道路两侧公共绿地空间，引入无障碍坡道结合微地形的自
然体验，提升绿量并设置生态雨水花园，使园区、街区、绿地空间生态互融，激活产业街坊活力，共同打造加全龄友好的功能
多元、绿色开放的"+ 公园"街区。

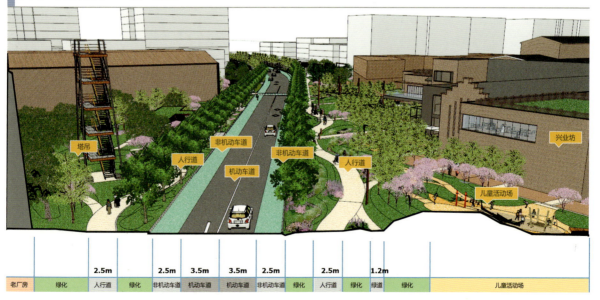

平陆路效果示意图

苏州河西闸位于苏州河与蕴藻浜交汇口下游约 2 公里的苏州河上，是吴淞江工程（上海段）四大控制建筑物之一，也是《苏州河防洪除涝工程规划》确定的"两闸一泵一隧"防涝体系的重要组成部分。西闸总净宽 60 米，管理用房总建筑面积约 1660 平方米，设计兼顾周边环境、创新语言和艺术造型，以立于景观园林之上的"方亭"作为设计理念，在十里岸线上形成极具标识性的点景建筑。一层以水闸为视觉焦点，将集散广场、交通道路插入建筑体块，生成最适合地块的布局组织，建筑与景观高度融合。二层以极简的线条勾勒出雕塑般的 45°方亭，使得建筑两面邻水，内部控制室、会议室与办公空间最大限度与水域产生联系，形成最优空间功能与视觉效果的结合、极简但极具张力的方亭，在形成景观焦点的同时，为市民提供了一处独具特色的休憩空间。

苏州河西闸效果示意图

地铁 23 号线徐浦大桥站出地面设施建筑面积 2936 平方米，东临工业遗存风貌街坊第六粮食仓库，服务华泾社区及周边居住片区。该站点设计以上粮六库的立筒粮仓作为意向原型，极富特色地突显交通艺术品的新理念。以立筒粮仓为母题，拓扑形成筒拱原型并序列构型，月白色的混凝土立筒序列彰显建筑的雕塑感，结合小麦色景观规划和谐地融入工业遗存风貌之中。设计充分借用光影交织，以交通艺术品的文化气质给市民增添艺术公共空间打卡地，让游客与市民感受上粮六库城市空间特性的同时，体验都市运动、文创产业、休闲生活的热力。

地铁 23 号线徐浦大桥站效果示意图

3.7 集约节约

　　基础设施设计应综合平衡各类资源，节约利用土地，提倡经济适用，促进城市可持续发展。鼓励对地处中央活动区（CAZ）、副中心、地区中心、"一江一河"、历史文化风貌区等重点区域的基础设施，优先保障资金投入。鼓励优化选址布局，选择本土实用材料，预留改扩建发展空间；避免不合理占用地、水、绿、林等自然资源，避免过度设计、过度装饰、重复建设。在合理控制成本的基础上，通过简约、高质量的设计建设，塑造高品质的基础设施。

3.7.1 集约用地

　　在不断优化工艺技术基础上，调整基础设施的选址或造型，减少独立占地面积，优先考虑结建方案，避免占用永久基本农田。平面布局紧凑流畅，考虑合理的交通组织，细化设施功能分类、减少不必要功能的占地，充分利用好地形因形就势，合理布局。将平面容量垂直叠放，与建筑功能进行复合设计。基础设施主题功能尽量设置到地下或架空，通过功能的竖向叠加、垂直发展，减少占地需求。

3.7.2 成本控制

　　结合规划设计方案，加强前期预算控制，以高效节流设计，控制设施建设与运行的总投入。根据场地特征，结合结构与材质本身的特性，形成独特而简洁的建筑空间与造型，避免运用过多非必要附加物或昂贵材质，降低施工难度。推广使用耐候、易维护的材质和适宜的工艺流程等，降低项目运行维护成本。基础设施的规划设计和建设实施需要适度的前瞻性，为城市增长和设施升级预留可持续发展空间，避免重复建设。

赵家沟东泵闸工程是浦东片目前在建最大的除涝泵闸工程，担负着浦东北部地区除涝、引水调度、挡潮等重任，由节制闸和管理区两部分组成。其中管理区部分，基地范围下方被崇明线呈45°斜穿，导致地面建筑布局受限，且需同时建设水利与交通两类基础设施。规划结合地铁线走势，以几何元素将分散凌乱的各种地面建筑与设施重新统筹整合为一体，并整合管理区与崇明线出地面设施，不仅使水利基础设施与交通基础设施在空间、形体、结构走向上形成缝合与联动，还有效实现两种基础设施在用地上的交叠与复合，减少两种基础设施各自独立的占地，以避免更多占用周边绿地，促进地区整体用地格局的集约与高效。

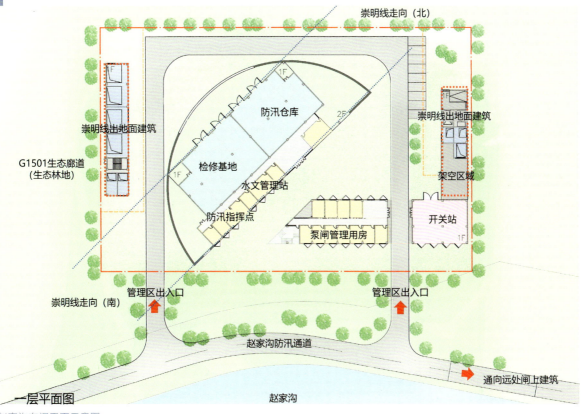

赵家沟东闸平面示意图

唐黄路站周边地区尚未开发，地铁出入口先于地块建设，未来存在较大改造可能。唐黄路站在设计中在保证整体美观及提供便利的同时，尽可能采取低成本建设方案，站点出入口通过高低屋面的弹性组合，形成轻盈的公共形象，侧高窗强化了地下与地面的连续体验，共同塑造花园般的出站印象，在檐下灰空间植入美好生活盒子、布置固定长凳，为各类人群提供丰富的服务功能和休憩共享空间。

地铁 21 号线唐黄路站效果示意图

3.8 安全韧性

基础设施设计应以保障设施及周边环境安全为底线，建设安全韧性城市。 鼓励运用设计与管理措施，降低基础设施运行风险，辅助构建城市安全屏障。鼓励运用多重手段，提升周边城市空间与生物生态安全系数。避免忽视基础设施周边空间和自身运营等实际情况，不能仅满足基本安全的底线要求。

3.8.1 设施安全

以维护设施自身安全运行为首则，在拉近设施与城市空间相互关系的同时，降低额外的安全风险。设施建设时不仅考虑本身运行使用要求，同时注意对现状周边设施进行防护，并使防护设施美观宜人、避免生硬隔断。设施建设之初提高防护标准，确保自身运行安全的同时，进一步减少潜在的安全隐患。

3.8.2 场所安全

在基础设施融入城市空间的同时，保护城市空间不受设施运营或故障的影响，甚至辅助构建城市安全屏障。设计过程中注重分区分流，为适宜活动边界设置隔离防护，避免人员进入危险区域；对难以避免的污染或影响进行针对性设计，减少其危害程度。

在详细设计阶段中，可以灵活"借用"地形，合理"利用"保护范围，创造性"使用"地下或半地下空间的上方区域，一方面保障场所免除设施可能出现的侵扰，另一方面"一举多得"形成公共有效空间和功能。

随处可见的变电室，事实上构成了街头巷尾的设施网络，由于所在的空间特征不同，变电室可以变身街道家具的组成部分、可以融入口袋公园景观、可以呼应周边建筑风貌……成为散落在城市中的"满天星辰"。

变电室实景照片

合流污水一期复线是通过新建既有污水干管复线的形式，全量转输现状合流污水一期干线输送的污水，为老线干仓修复创造可实施条件，推进合流一期修复工程落地实施，保障城市生命线安全运行。规划以"城市方糖""城市雕塑""城市家具"为主题对地上设施进行分组设计。"城市方糖"意为给"城市生活加点糖"，该组设计包括浦西段 7 个透气井（T1-T7）和一个闸门井（Z2），设施大多位于中心城区，靠近居住社区，周边人口密度较高，设计中始终做到以保障环境安全为底线，充分考虑设施的安全韧性，做到设施安全、场所安全。首先，设计以维护设施自身安全运行为原则，对于与设施日常使用、定期维护相关的门窗尺寸、操作通道进行充分预留，并将设施维护的出入通道与市民日常的流线进行合理区分、有效分流，以做到对周围环境的最小干扰。其次，除了必须的硬隔断等措施，在立面设计上通过比例划分、材质对比等手段，尽量模糊建筑的尺度、弱化门窗等功能性立面元素，使得设施建筑更像一个"适合远观"的雕塑，而不是一个可以推门开窗的房子。这样在视觉感官上隔离人们靠近的意愿，辅以精心设计的标志等提示元素，使得在融入城市空间、成为一个"方糖艺术品"的同时，也提升了设施和场所的安全性。

合流污水一期复线出地面设施效果示意图

3.9 绿色低碳

　　基础设施设计应贯彻绿色理念，倡导生态建材、低碳技术、循环利用，建设人与自然共生的生态友好城市。鼓励运用低碳环保策略，促进基础设施高效能运行和资源循环利用，兼顾为其他生物提供栖息空间；江南水乡航道、河道岸线治理等应注重水绿平衡、选用当地材料。避免高能耗、高排放，粗放型施工运行，不得破坏生态循环与生物栖息等。

3.9.1 环境低扰

　　以尊重自然为前提，尽可能在设计到建造的过程中降低建设对周边生态环境的干扰。通过保留原位或建立异位补偿的方式，保持所在地原有的大气、水体、土壤、植被等生态要素的连续性；尽量利用现状自然地形高差建设设施及其附属构件，发挥自然势能在设施运行中的作用，减少土方填挖。

3.9.2 绿色生态

　　结合设施场地和设施本身，保持水土涵养、增加植物绿量，强化生态韧性。利用设施外表、附属物及屋顶等表面，设置适宜当地及符合设施特性的植被，尽可能使植被固碳效应好、可视可亲、易维护，兼顾发挥表皮防护和隔热等作用；对设施及其环境进行滞水、透水、蓄水、调水等设计，增强水循环和水面率，减少地表径流。

3.9.3 清洁能源

　　以"安全、便捷、高效、绿色、经济"为目标，以降碳固碳为导向，以技术创新与管理赋能为手段，在规划设计、建设施工、运营维保各阶段，积极推广节能新理念、新能源、新技术、新工艺、新材料等，全面提升绿色低碳能级。

　　减少基础设施施工过程中的环境污染和能源浪费，保护施工现场周围的生态环境。采用高效节能的机械设备减少能耗；施工现场垃圾分类管理，对可回收物进行再利用；采用降尘和降噪技术，减少施工现场产生的粉尘和噪声。

纪翟路站 3 号出入口利用滨水空间和地形高差，设置便利店及亲水平台为民众提供基础供给及休憩服务设施，打造多元化、未来感的空间体验。

地铁 13 号线纪翟路站效果示意图

结合崇明线车辆基地工程特点，开展适合库房屋顶及外立面光伏一体化设计、低碳建筑材料选型、装配式预制构件、智能照明及光导管等技术的应用，分布式光伏采用自发自用、余电上网模式，积极打造近零碳车辆基地东靖路车辆基地装设光伏容量约为 5.4 兆瓦，陈家镇车辆基地装设光伏容量约为 1.6 兆瓦，合计约 7.0 兆瓦。

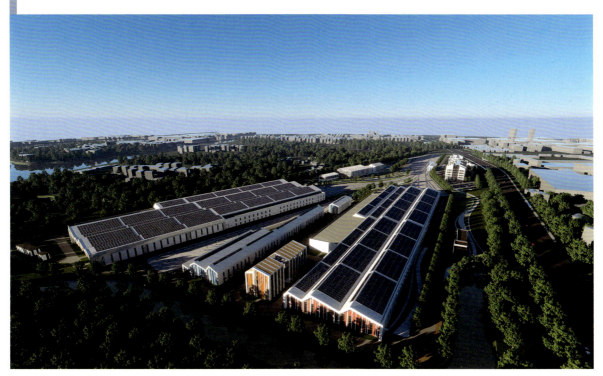

崇明线东靖路车辆基地效果示意图

3.10 数字赋能

　　基础设施设计应积极应用数字智能等先进技术，加强信息共享，提升管理效能，助力智慧城市建设。鼓励推动基础设施数字化建设、运营和管理，通过城市大数据平台提高"一网通办""一网统管"的管理效能，通过增设交互展示设施等加大对市民科普力度。

3.10.1 智慧管理

　　智慧管理包括以下三个方面。

　　设计成果数字孪生：探索建立数字孪生展示交互系统，强化设施选址、布局对城市空间结构支撑，强化规划设计对设施功能与风貌的引领，强化设计方案对市民公众的可视化与体验感。

　　运用智能感知设备支撑实时监控功能：充分发挥地理信息系统（GIS）、大数据、智能感知等前沿技术在基础设施运行管理上的作用，加强智慧化感知基础设施规划建设研究，推进基础设施生命体征的实时感知监测，实现管线碰撞、风险预警、联动处置、需求分析、辅助决策等智慧应用场景，提升基础设施的全周期管理水平。

　　设施效能定期评估：结合数字孪生、运行监控等平台功能，充分利用运行数据，定期对设施布局、功能、运行等效能进行评估。在此基础上动态开展提升工作。

3.10.2 体验互动

　　城市基础设施可通过信息互动功能改善使用体验，其他市政场站也可利用信息化的展示功能，借此向公众开放、展现设施内涵，拉近设施与人的心理距离。以直观、动态的方式展示设施运行状况，显示设施发挥的作用，加强人们对城市基础系统的认知，提高参与感和认同感。结合 AI 等动态反馈技术，收集人们对设施使用的情况和需求，借助音画信息提示为受众提供生动的使用体验。

市域铁路三中心服务于上海市域铁路全线网，其中调度中心是对市域铁路运营全过程实行调度、指挥、监控的中枢核心。项目本着集约高效、经济合理、绿色可持续的理念开展项目设计，工程选址经过多轮比选，采取与市域铁路嘉闵线天山路站结合建设的形式，总平面布局紧凑高效。调度中心系统方案基于市域铁路运营特点及线网规模量身定制，实现调度指挥、牵引供电、综合监控、信息采集、综合维修等多个平台的协同管理，有效提高调度运营效率。同时基于"一次规划、逐线接入"原则，在调度大厅采用模块化布局，适当预留调度台空间，未来可容纳上海市域铁路全线网的接入需求。

市域铁路三中心效果示意图

学林路站位于张江科技城板块，设计通过科技与智慧功能模块的加入为"科学风"站点赋能，利用大数据和 5G 互联网联动，集成智能空调调节、客流监测系统、智能语音提示、地铁到站预报等功能的智能系统，结合天气与人流量等信息，在入口立柱显示板上实时反馈，让使用者同步感知各类所需信息。在未来信息模块中还可以加入 AI 互动服务装置，使得站点面向社会群体提供更多智能无障碍服务，让使用者能更加直观感受到科技服务于生活，科技让生活更美好。

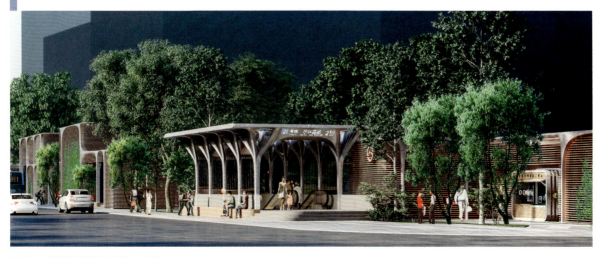

地铁 21 号线学林路站效果示意图

在上篇理论架构的基础上，下篇内容整编了上海近期在基础设施新都市领域中的探索和实践，成果案例几乎涵盖了城市能源系统、供水排水系统、交通运输系统、环卫环保系统、防卫防灾系统等城市基础设施的方方面面。

下篇

新探索·新实践

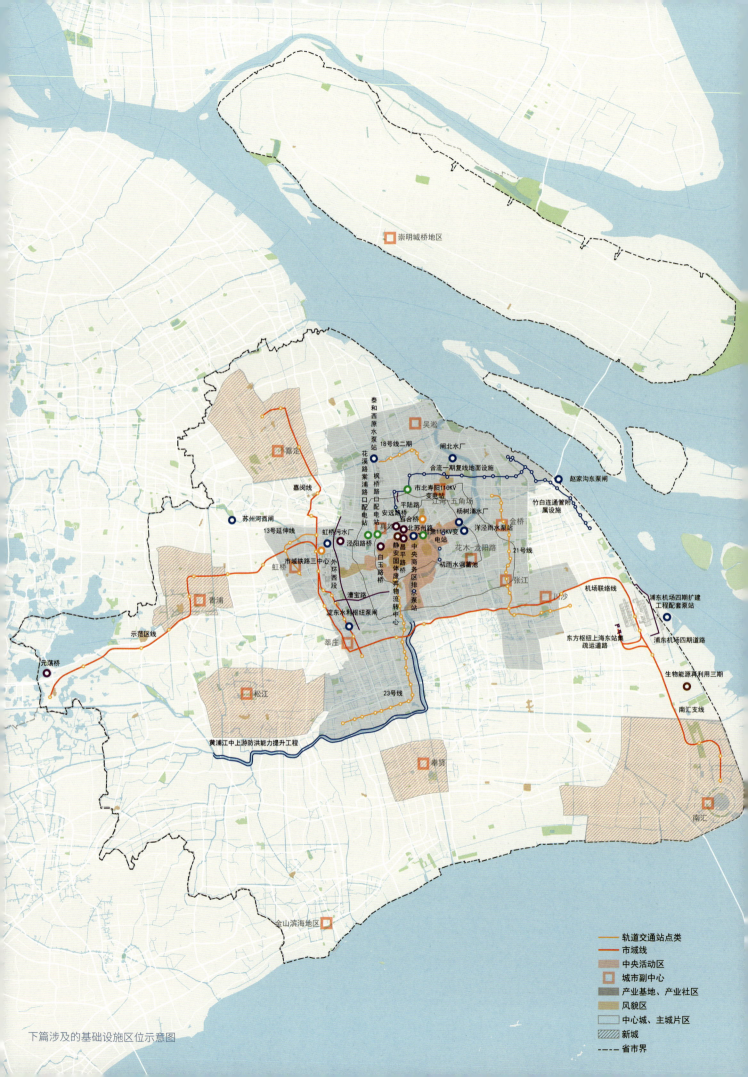

崇明城桥地区

泰和西原水泵站
18号线二期
花溪路棠浦路口配电站
枫桥路口配电站
虹桥污水厂
泾阳路桥
13号延伸线
苏州河西闸
市域铁路三中心
虹桥
外环西段
漕宝路
白玉路桥
定东水利枢纽泵闸
莘庄

嘉定
嘉闵线

吴淞
闸北水厂
合流一期复线地面设施
市北寿阳110KV变电站
平陆路
安远路桥 苏州河
北苏州路
中央商务区
静安固体废养物流转中心
昌平路桥
23号线

赵家沟东泵闸
竹白连通管附属设施
杨树浦水厂
金桥
洋泾雨水泵站
浦东110KV变电站
花木-龙阳路
初雨水调蓄池
张江
21号线
山沙

机场联络线
东方枢纽上海东站集疏运道路
浦东机场四期扩建工程配套泵站
浦东机场四期道路
生物能源再利用三期
南汇支线

元荡桥
示范区线

松江

奉贤

黄浦江中上游防洪能力提升工程

金山滨海地区

南汇

下篇涉及的基础设施区位示意图

图例：
—— 轨道交通站点类
—— 市域线
▨ 中央活动区
▣ 城市副中心
▨ 产业基地、产业社区
▨ 风貌区
▢ 中心城、主城片区
▨ 新城
--- 省市界

第4章 都市脉动 高质高效

城市交通体现了高品质、高效率的都市脉动，是城市社会经济的生命线。城市交通运输系统包括航空交通、水运交通、轨道交通、道路交通等四大类，组成了空中、水上、陆地等城市综合交通系统，具有城市对外交通和城市内部交通两大功能。城市航空交通工程主要有航空港、市内直升机场以及军用机场等设施。城市水运交通工程分为海运交通、内河交通两部分的设施。城市轨道交通工程包含铁路、轨交市域线和轨交市区线等设施。城市道路交通工程分为公路、高架和城区道路等设施。

嘉定新城

嘉闵线

江桥　真北

芳乐路站

赵重公路站

华青路站

虹桥站

虹桥
枢纽

古北

徐乐北路站

青浦新城

南站·沪闵云

青浦新城站

七宝站

七宝

示范区线

青浦新城南站

朱家角

泗泾

莘庄

华

余山

朱家角站

西岑站

新桥

水乡客厅站

长三角生态绿色
一体化发展示范区

松江新城

示范区线、机场联络线、南汇支线共同构成上海全球城市的战略主线

东方
枢纽

浦东国际机场站

度假区站

张江站

上海东站

T3航站楼站

下盐路站

南汇支线

东大公路站

临港综合区站

南汇新城

临港开放区站

场联络线

三林南站

中国（上海）自由贸易试验区
临港新片区

在建车站名均为暂定名
审图号：沪S（2023）25号

4.1 全球城市的战略主线

4.1.1 示范区线

建设单位：上海申铁投资有限公司
总体策划设计单位：上海市上规院城市规划设计有限公司
总体工程设计单位：中铁上海设计院集团有限公司、上海市隧道工程轨道交通设计研究院

一体两核引擎脉，江南水韵低碳线

示范区线东起虹桥国际开放枢纽，西至水乡客厅，主要沿北青公路、外青松公路、沪渝高速、沪青平公路布线行走。线路全长约 56.4 公里，高架及路基段 26 公里地下段 30.4 公里。沿线设车站 10 座，包含地下车站和地上车站各 5 座，途经闵行、嘉定、青浦三区。

示范区线串联了三大板块，西端是长三角一体化示范区先行启动区核心区的核心项目——水乡客厅，东端是虹桥国际开放枢纽片区的核心区，两端服务于两大国家战略核心，是连接两大国家战略地区的最快线。中部串联青浦新城，支撑了五大新城发力的市级战略目标。

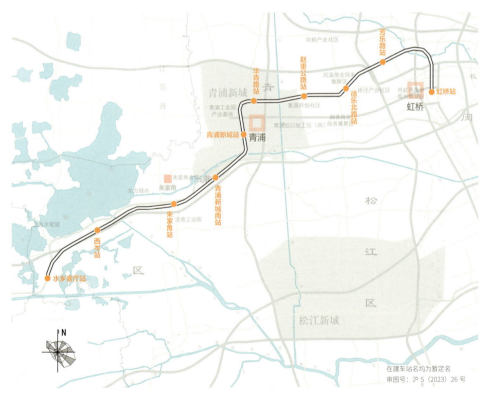

在建车站名均为暂定名
审图号：沪 S（2023）26 号

示范区线线路图

规划定位

引擎首发线

目前，青浦是沪西三区（嘉定、青浦、松江）中唯一未通高铁的行政区，示范区线和沪苏湖铁路将填补青浦区高铁服务的空白。建成后，示范区线将成为串联虹桥国际开放枢纽、青浦新城、西岑科创中心、环淀山湖创新核，辐射水乡客厅、吴江高铁科创新城、祥符荡创新绿谷等核心功能区的关键交通纽带。

核心骨架线

示范区线由西到东首尾串联两大国家级战略核心，西端战略核心为"长三角一体化示范区先行启动区核心区"，东端战略核心为"虹桥国际开放枢纽核心区"。示范区线将成为展示长三角高质量一体化发展的东部门户，同时为长三角协通发展提供更强有力的交通支撑骨架，全面加速形成"轨道上的长三角"。依托轨交，以"虹桥核心引领，沿线腹地支撑"的模式，将最大程度释放上海对长三角腹地的协同红利，形成"虹桥总部 + 腹地基地""虹桥贸易 + 腹地物流""虹桥商务 + 腹地休闲"三种功能布局战略。

江南低碳线

示范区线沿线文化属性从本土到国际过渡，沿线景观风貌从自然向都市过渡，诠释了多元城市面貌。示范区线是实践上海西部生态廊道的触发器，积极响应了示范区提出"碳达峰""碳中和"战略设想，打造践行双碳战略的首选地。

审图号：沪 S（2023）26 号

示范区线区位图

风貌引导

主题分段：古楚遗泽、江南风骨

"古楚遗泽"段体现典型的江南式空间格局、风貌特色及文化底蕴。"江南风骨"段体现新江南风貌，保留江南韵味的同时注重融入简约的国际式风格。

线路主题色：春风又绿江南岸

示范区线全线以"绿"为主题色。在色调上分段划分，古楚遗泽段以"青绿"色系为主题色，江南风骨段以"柳绿"色系为主题色。

分段色彩指引

建筑基调色为暖黄色系和灰色系。古楚遗泽段以明亮的黄色吸引人群聚集，整体打造愉悦和具有活力的景观风貌。江南风骨段黄、灰色的结合运用更具视觉冲击力，建筑更具未来感和科技感，增添创新高地的活力氛围。

审图号：沪S（2023）26号

示范区线线路主题分段

色彩意象示意图

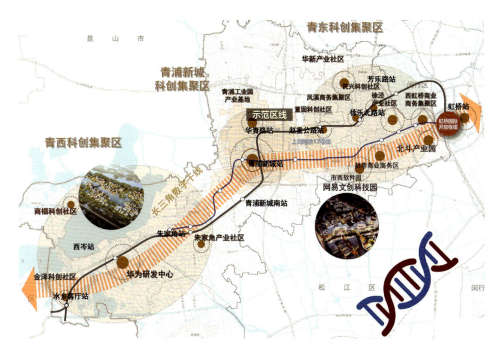

科创双链概念示意图

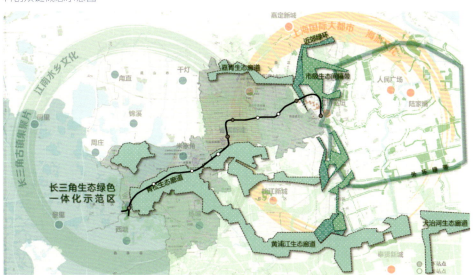

示范区线生态空间布局

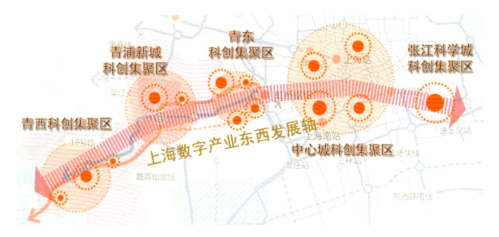

上海东西发展轴概念示意图

示范区线 西岑站鸟瞰效果图

示范区线 汾湖新城站街景效果图

西岑站

景观建筑设计单位： 致正建筑工作室

西岑站沿沪渝高速东西向设置于路侧地块中，与轨道交通 17 号线西岑站合并建设。基地南侧规划为待建的商业商办用地与研发办公用地，其中东南侧为在建的华为青浦研发中心，西岑将围绕该中心形成创业生活小镇，逐步提升公共服务功能，形成西岑公共服务中心和创新创业培育中心。西岑站为高架站，示范区线设地面出入口 2 个，总建筑面积为 19105 平方米。

设计理念

西岑站位于示范区线的西段，北靠淀山湖，湖面水波涟漪，波光粼粼，整体概念提取自"放翁小艇轻如叶，只载蓑衣不载家。清晓长歌何处去，武陵溪上看桃花"（陆游）水乡卧波之江南意蕴，将淀山湖波浪抽象为连续三角折面的造型语言，应用于本站设计。设计理念旨在恰当地诠释江南水乡文化，再现江南气质，并围绕轨交自身需求，结合地块特点，建构一座融入水乡特色的休闲驿站，打造引领周边发展的活力枢纽。

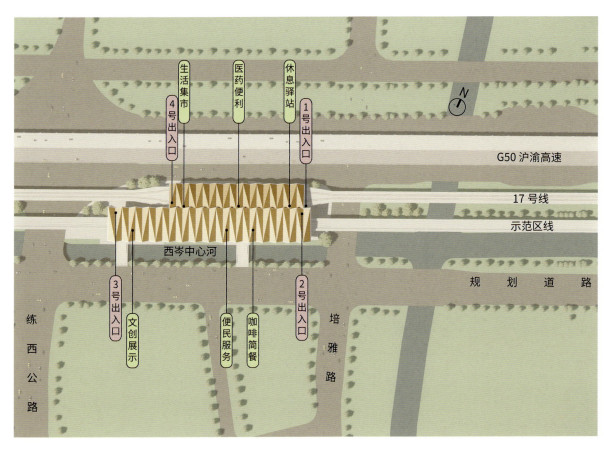

西岑站平面图

设计亮点

提升美感，造型呼应"以水为脉，枕水而居"意境

两片曲折造型屋面并排布局，不同方向的几何面层次丰富，呼应湖水波光意象，营造兼具水乡特色与低碳生态的示范形象。站体立面分为内外两层，相互独立却又统一富有变化。第一立面上部以 V 形柱、菱形结构、折形屋面组合成单元，顺应轨交方向并置排列，形成具有强烈的序列感和识别性的形态；第二立面以梯形折面玻璃为单元重复，采用上下反接的手法，进一步强调水乡卧波的概念。除此以外，一层的屋架柱墩及部分二层牛腿处理为多折面体，于统一中寻求变化，利用建筑语言加强入口的可识别性。

协调共生，材质和色彩彰显人文与科创共融

材料上屋面主要采用铜色折弯金属板，柱面将铜色折弯金属板与阳极氧化铝板结合考虑，立面采用超白玻璃与预制混凝土挂板，突显西岑水乡人文特色与科创之城创新理念。色彩则以木棕色为基调，以碧色为主题色，营造江南烟雨氛围。

结构创新，两站融合联通

考虑到"两站合一"的建设难度，景观提升与车站主体分期实施，屋架结构与主体结构互为独立。为了实现足够轻盈的外观效果，两站整体采用钢结构，体现建筑结构一体化，形式空间一体化。

西岑站立面局部效果图

中厅二层效果图

西岑站立面效果图

朱家角站

景观建筑设计单位：致正建筑工作室

朱家角站位于朱家角古镇所在的门户水乡区，沿沪渝高速东西向设置于路侧地块中，北侧约 1 公里处为 17 号线朱家角站。车站周边为村镇、农田和空地。朱家角站为高架站，设地面出入口 4 个，总建筑面积为 27753 平方米。

设计理念

"一江烟水照晴岚，两岸人家接画檐，芰荷丛一段秋光淡。看沙鸥舞再三，卷香风十里珠帘。画船儿天边至，酒旗儿风外飐。爱杀江南！"（张养浩）

车站周边自然景观优越，水路交汇，视野开阔，整体概念提取自朱家角古镇云水画檐之江南风貌，表现朱家角江南村落与水街文化的意向结合。朱家角站作为朱家角古镇的到达门户，结合特色古镇改造升级和与 17 号线双站联动的总体需求，与周边城市景观进行统筹一体化设计。同时为体现上海第一水乡的文化历史风貌，站体形态由古镇建筑的风貌特色与传统水街的空间意向演化而来，强化该门户站点的标志性。

朱家角站立面效果图

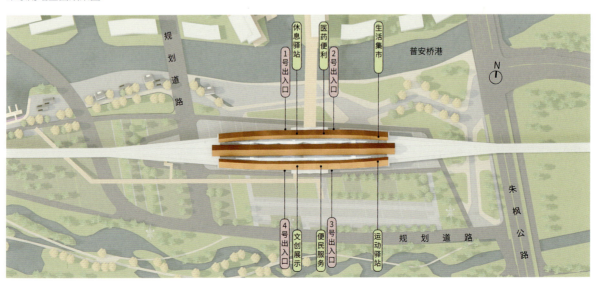

朱家角站平面图

设计亮点

提升美感，云水流动的风貌意境

站体屋面沿列车行进方向划分为五条，三实两虚，虚实交替，每条以传统双坡顶为基础原型，演化为幅度不同且高低变化的连续直楞曲屋面，以此回应云水流动之意。屋架柱体沿长向拉伸为扁柱，顺应站台通行需要，同时站台部分间隔抽柱，尽量最大限度地满足游客的交通视线和观景需求。

协调共生，枕水而居的材料与色彩

材料上，屋面主要采用铜色折弯金属板与 PTFE 膜结构、柱面采用阳极氧化铝板、立面则采用超白玻璃与预制混凝土挂板。色彩则以木棕色为基调，以松柏绿为主题色，应用于标识系统或局部，将景观绿色与江南建筑色彩融合；体现"以水为脉，枕水而居"的意境。

社区关怀，怀古咏今的街道空间

朱家角站作为地区中心、历史文化名镇站点，除必要的交通枢纽功能，还承载服务职能。利用站点的公共空间，配置"美好生活盒子"，在功能上建议以基础供给为基本功能，并考虑民生服务与体现地方人文特色的配置，如创作工坊、文创商店等，并预留部分拓展空间，后期可容纳具有古镇特色的人文服务功能。

朱家角站鸟瞰效果图

站内效果图

朱家角站鸟瞰效果图

青浦新城站

景观建筑设计单位：致正建筑工作室

青浦新城站位于青浦中央商务区核心地区，盈港东路与外青松公路交叉路口北侧，沿外青松公路南北向设置于路中，可与轨道交通 17 号线青浦新城站、规划市域铁路嘉青松金线青浦新城站换乘。车站周边地块现状以居住生活、商业与工业用地为主，规划以居住和商业用地为主。青浦新城站为地下站，设地面出入口 5 个，总建筑面积为 86669 平方米。

设计理念

"夕阳下，酒旆闲，两三航未曾着岸。落花水香茅舍晚，断桥头卖鱼人散。"（马致远）青浦新城定位为长三角的独立综合性节点城市，是独具特色的开放创新之城，水韵公园之城、江南上善之城。站点整体概念取自远浦归帆之意，汇聚四方源流。

设计亮点

艺术点亮，创造"远浦归帆"的意境

主要出入口屋面以传统江南乌篷船为设计灵感，提取其拱形棚顶与下凹船身作为形态特征，下部一侧为地下出入口，另一侧顺应楼扶梯坡度设置大台阶形成一处花园小剧场。出地面风井提取海上仙山之意，通过平面上编织化的处理塑造出一片片高低起伏、绿意盎然的微型山丘。这群山丘结合绿化对风井出风进行疏导，其中的"新风井"山丘又由于只进风的特性还可设置成观景桥，供穿行体验。

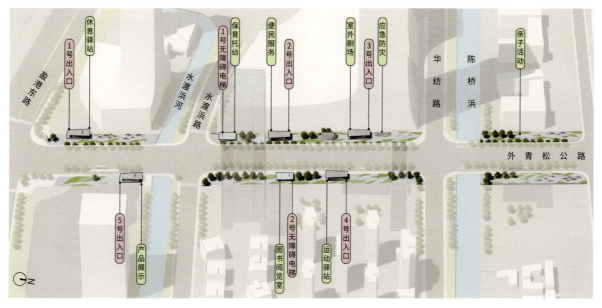

青浦新城站平面图

结构创新，举重若轻

开放而通透是整个出入口呈现出的一种鲜明状态。从外部看，舒展轻盈的屋面与大台阶所限定的花园剧场间以一种欢迎的姿态吸引人进入并停留；从内部看，下方纯交通性质的出入口空间又由于其多个洞口的开启，与大台阶空间和外部景观形成多种光线与视线的贯穿。

艺术点亮，江南气韵

材料上出入口采用银灰色铝镁锰板直立锁边屋面木、纹铝板吊顶与 PTFE 膜结构、立面采用超白玻与阳极氧化铝柱面。风井则是金属张拉网与氧化铝板的结合。色彩以帆白色为基调，回应远浦归帆之意，以官绿为主题色应用于标识系统及室内局部，体现青浦新城低碳绿色新城的风貌特征。

青浦新城站出入口鸟瞰图

青浦新城站景观节点人视图

水乡客厅站

景观建筑设计单位：致正建筑工作室

水乡客厅站位于沪青平公路西侧，北至示范方路，南至陈道浜，东侧紧邻金泽古镇景区，西侧紧邻三园景区。凭借下穿沪青平公路的通道，成为沟通两大景区的重要节点。依托创新村提供的商服配套，辐射周边，成为体现水乡风貌特征的TOD新模式。水乡客厅站为地下车站，设地面出入口6个，总建筑面积为78881平方米。

设计理念

"鸟窥青帘，鱼戏莲叶"为该站的地面景观总体概念，"桑田烟霭，莲影清浅"，"鲭鹂泽光，云卷风帘"分别为该站东西两侧出地面设施的总体概念，以呼应西侧以耕作（江南圩田区）为主，东侧以"栖居"（历史古镇区）为主的地理人文特征的差异性与同构性。

水乡客厅站平面图

设计亮点

彰显文化，突出金泽"桥庙文化"

根据站点的"在地性"特点，将江南水乡"人文历史"元素融入基础设施设计。考虑延续金泽"桥庙文化"中的空间结构，置以飞虹小桥相连，并覆以轻薄屋顶，结合小而美的多功能服务空间，成为游览金泽景区的新首末站。结合半地形化的下沉广场实现出入口空间的消隐与场地实用性的提升，形态上以"蜷曲荷叶"为原型，创造出利于公众参与的开放性公共空间。

社区关怀，提升公共服务便捷性

设计秉持"美好生活盒子"的理念，沪青平公路北侧 2 个出入口结合绿带景观设置"美好生活盒子"配套。路北侧在创新村东侧城市广场、下沉出入口广场、以及风亭组休息亭，设置"美好生活盒子"配套。

出入口人视图

出入口鸟瞰图

出入口人视图

出入口人视图

出入口人视图

拦路港桥

景观建筑设计单位：同济大学建筑设计研究院（集团）有限公司

　　拦路港桥工程处于淀山湖主要泄水通道拦路港上，与拦路港斜交，线路夹角为58°，选用连续混合梁跨越航道、驳岸及巡河道，建成后将成为全国市域铁路跨径最大的同类型桥梁。

设计理念

　　方案承接示范区线"古楚遗泽，江南风骨"的整体设计理念，将"折扇"形态融入梁体及桥墩中，将折扇的造型融入连续梁桥侧面的表面微浮雕处理中。其整体造型呈现为两面折扇，扇尾与桥墩、支座凸出处的垫块融为一体；扇面的轮廓则以梁体侧面简约的线条勾勒。

拦路港桥区位图

拦路港桥设计鸟瞰图

拦路港桥设计效果图

4.1.2 机场联络线

建设单位：上海申铁投资有限公司
总体策划设计单位：上海市上规院城市规划设计有限公司
总体工程设计单位：中铁第四勘察设计院集团有限公司、上海市政工程设计研究总院(集团)有限公司

双循环主动脉，软实力风景线

机场联络线为市域线，全长 68.6 公里，西连虹桥枢纽，东接浦东枢纽，从虹桥站至上海东站耗时约 40 分钟。机场联络线沿线设车站 9 座，包括地下车站 6 座、地上车站 3 座，以及 1 处车辆基地（下盐路车辆基地）、1 处敞开段。

线路连接全市两大对外交通枢纽，途经张江科学城、虹桥商务区、上海东站枢纽区等创新发展地区，迪士尼度假区、七宝古镇、筠溪小镇、川沙古镇等特色人文片区，外环绿带和三林楔形绿地等重要城市生态功能区，是彰显上海"创新之城、人文之城、生态之城"发展目标的重要纽带。

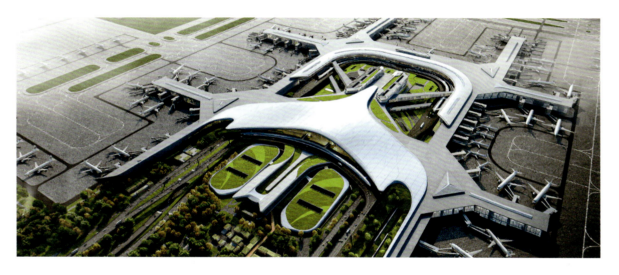

浦东机场 T3 航站楼效果图

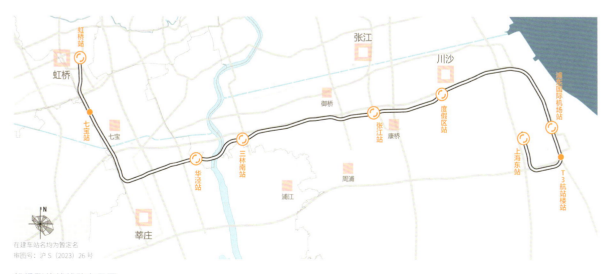

在建车站名均为暂定名
审图号：沪 S（2023）26 号

机场联络线线路布局图

设计理念

连接中国与世界的桥梁

机场联络线联系虹桥枢纽、浦东枢纽，打造全国首条联系两大国际机场的轨交线路，有效提升吴泾地区、三林地区、张江南部和川沙新城的轨交支撑力度与可达性，衔接多条南北向轨交线路，加强换乘便捷性。

衔接水乡与海港的都市线

机场联络线衔接示范区线与南汇支线，沿线串联"长三角腹地—黄浦江两岸—海陆空门户"，打造"小桥流水—都市风光—海天一色"的特色风光带。

链接创新、生态、人文的纽带

机场联络线贯穿主城区南部板块，未来将以张江高科、国际度假区、虹桥商务区为核心，集聚上海国际化、前沿、高质量的发展要素，推动七宝、华泾、三林等片区的战略转型与生态修复，同时带动上海东站及枢纽核心区的开发建设，对外环绿带沿线板块的高质量发展起到至关重要的作用。

审图号：沪S（2023）26号

机场联络线区位分析图

风貌导引

线路主题色

机场联络线突出"东方气质，海派格调"，通过中国红展示线路开放、创新和活力的特质，营造整体标志性与体验感，突显线路开放的人文环境与历史氛围。

分段风貌指引

形成六大风貌主题分段。开放枢纽段沿线主要为南虹桥高端商务服务功能区，突显积极进取、共创未来的开放精神；创新转型段风貌结合大吴泾地区整体转型提升，突出创新与生活、创新与生态融合的创新技术美；生态人文段沿线途径外环公园带、筠溪小镇，突出城市与自然交融的生态融合美；领航高科段响应张江打造一流科学城的发展愿景，强调科学策源、创新研究的未来科学风；休闲度假段风貌上突显国际交往、休闲度假的浪漫缤纷感；空铁枢纽段结合上海东站、浦东机场大型交通枢纽，突出高效运输、智慧无界的未来科技感。

机场联络线 三林南站立面效果图

机场联络线 度假区站街景效果图

机场联络线 华泾站鸟瞰效果图

华泾站

景观建筑设计单位： 同济大学建筑设计研究院（集团）有限公司曾群建筑研究室

华泾站位于华泾镇中南部区域，黄浦江西侧、春申塘北侧、规划景洪路东侧地块内。周边功能以商业服务和生活居住为主。车站为地下站，出地面设施包括 2 个车站出入口、9 个疏散楼梯、3 组室外多联机、3 组出地面风井等，总面积 3778 平方米。

设计理念

华泾站位于机场联络线同 15、19 号线交汇处，是区域发展的重要节点。华泾站联动周边创新产业和各功能板块，设计以"细胞单元"为基本概念，由点及面，形成区域产业"孵化·生长"的重要支点。

设计以车站出地面设施为"细胞单元"，形成线形公园上的重要节点，从而为整个滨水绿带提供活动多样性的可能。将创客驿站、滨水客厅、创意展廊、滨水咖啡等公共功能同车站出地面设施复合，组织活动空间功能，高效利用滨水和公园的景观资源，为周边创业者合和市民提供一处灵感碰撞、沟通交流的好去处。

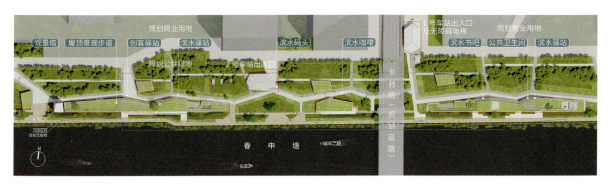

华泾站平面图

华泾站鸟瞰图

设计亮点

设施集成，集散结合适度扩展

通过"集散结合、适度扩展"的设计策略，结合出地面设施的分布特点，有效组织、美化出地面设施，形成滨水尺度适宜的景观长亭。将较为集中的出地面设置形成滨水起伏的长亭，在公园中零散分布疏散楼梯，结合地面公园提供休憩节点。

社区关怀，空间融合功能填补

结合出地面风井、安全出口等设施，置入滨水公共空间进行功能填补，为公园及周边城市提供"美好生活盒子"，提供滨水客厅、创客驿站、滨水咖啡、公共卫生间等公共服务功能，形成滨水特色公共空间群落和春申塘畔的建筑小品。

环境友好，景观渗透滨水退台

利用延伸向春申塘的单元片墙，引导商业界面、公园景观和滨水景观之间的相互渗透，弱化风井、机房等出地面设施，使视线得以向水面延伸。华泾站滨水整体设计打破防汛墙单一处理手法，运用多层亲水台阶作为站前公共活动空间，增强景观可进入性，形成滨水视觉焦点。

公园局部鸟瞰

屋顶步道人视

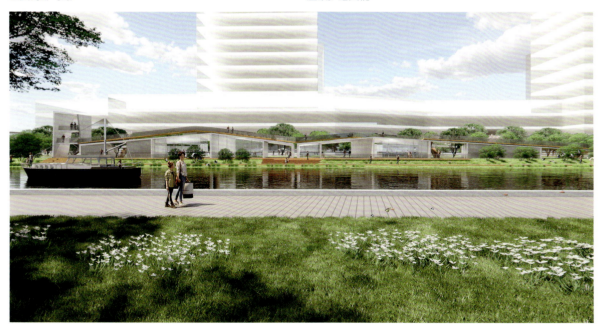

春申塘对岸滨水人视

三林南站

景观建筑设计单位：同济大学建筑设计研究院（集团）有限公司原作工作室

三林南站位于上海市浦东新区三林镇，云绵路涵林路，紧邻筠溪小镇，前滩商务中心。该站为地下站，长666米、宽度为45米，出地面设施总面积约4204平方米，设置有2处出入口及生活盒子，市民服务驿站、休闲驿站各1处。

设计理念

站点设计遵循"城林一体，缝合边界"的理念，在三林南站置入渐变的生态斑块图底，消解地铁建设与城市林带的边界。外环林地与站点相互赋能，植入多元社区功能，塑造林中绿色生活体验。站点建筑体量从自然的环境中生发而来，消隐体量，织补'林'与'城'的绿视链接。

通过在站点与周边区域功能、空间上的整合，进一步丰富了市域铁路站点的内涵。在风貌上，通过自然形态与周边环境呼应；在空间上，提供与所处外环绿带整体环境相得益彰的空间体验；在功能上，对接除交通外更大范围的综合需求，为社区赋能。

三林南站鸟瞰图

设计亮点

环境友好，织补绿意生态门户

站点紧邻外环林带，周边被自然景观和村落环绕，生态条件优越。设计方案以"入林"为理念，以渐变的生态斑块为图底，将建筑形态从环境之中自然生发，消解了站点与城市林带的边界；织补'林'与'城'的绿视链接；同时通过功能的叠合生长实现站点模式升级，植入多元社区服务功能，自然生态与活力站点相互赋能，塑造林中的绿色生活新体验，呈现城站融合的新型站点模式。

社区关怀，多维联动立体绽放

三林南站作为区域关键站点，在交通枢纽功能外，承载了一定社会服务职能。站点利用预留的公共空间，植入美好生活盒子，新增亲子游乐、游客服务等公共服务空间模块，并考虑市民服务驿站、休闲驿站等民生与社区关怀功能，通过自然生态与活力站点的相互赋能，打造生活与生态高度融合的示范性站点。

提升美感，消弭边界自由徜徉

站点强调内外空间的开放性，弱化站体本身的体量感、封闭感，通过绿化屋面、室内绿植、整体挑空等形式提升站厅的通透性，呈现绿意相融的全新站厅形象。屋顶空间的整体设计充分融入三林站周边生态网络，依托站点屋面设置可上人的绿化景观平台，远望三林外环林带的自然之林，享受居民日常驻足与休憩的人工之林。

立面效果图　　　　　　　　　　　　　　　　鸟瞰效果图

站厅效果图

张江站

景观建筑设计单位： 同济大学建筑设计研究院（集团）有限公司原作工作室

张江站位于浦东新区张江高科开发区，康人路与慈桥路交叉口北侧，周边高科技企业密集，兼有水网密集、田林环绕的场地特征。该站为地下站，长 691 米，宽 37 米，出地面设施总面积约 2511 平方米，设置有 4 个出入口及 2 处市民驿站，多处观景亭。

设计理念

项目紧邻康桥生态园，贴邻沔西绿地，设计以"入水"为理念，营造傍水而行、临水而居、富有湿地生境趣味的空间，打造科技张江的生态门户景观形象。地上站亭由"径"而生，以水为线索，连接湿地的自然生境，融入纵横水系与游园路径，为市民提供游憩、休闲日常活动场所和城市基础设施景观化的新体验。

张江站鸟瞰图

设计亮点

环境友好，师法自然融合共生

站点与自然生境高度融合，出入口和风亭演绎为湿地中的景观小品；站厅连续室外挑檐为湿地公园提供更多的公共休闲设施。支撑结构和屋顶均采用水波纹半拱形态，自然限定成为弧形景墙和出挑的屋檐，屋檐端头形成独特的叠水景观。站点设施通过檐下空间、垂直绿化、观景平台、入水阶梯与湿地公园自然衔接，同时为市民提供日常游憩、休闲的活动场所，成为富有湿地生境与生活趣味的新型景观站点。

社区关怀，自然生境共享共情

站点与湿地互相赋能，站亭室内形成向湿地全面开放的视野，登临屋顶可在林梢远眺。除必要的交通枢纽功能，站点还承载了一定的社会服务职能，预留公共空间，配置"美好生活盒子"，增加市民驿站、游客服务等功能，关注民生与社区关怀。同时配备智慧交通系统，打造自然生态、高科技术与活力枢纽相互融合的示范性站点。

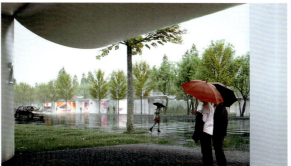

张江站立面效果图

度假区站

景观建筑设计单位：同济大学建筑设计研究院（集团）有限公司曾群建筑研究室

度假区站位于川沙城市副中心西侧，外环生态廊道内，邻近上海迪士尼度假区，沿川展路东西向设施置路侧地块中。车站周边以商业服务用地为主。度假区站为地下站，设地面出入口 3 个，出地面设施总面积约 3100 平方米。

设计理念

站点以"泡泡"为原型，提取椭圆形设计母题，场地景观在自由椭圆组合中，形成灵动、丰富的线条，激活场所氛围。风井、变电站延续椭圆母题，通过组团化灵活布置，自然融入周边景观，依地塑形，打造城市"乐圆"。

设计亮点

彰显文化，突出童话场景

度假区站邻近世界级 IP 迪士尼乐园，既是交通节点，也是来往人群进入迪士尼的首个门户。站点在不同出入口营造各异的、抽象的经典迪士尼童话场景，突显主题特色。

人文关怀，营造趣味空间

以弧形墙体作为结构支撑，错落弧形墙体与顶部采光圆洞形成趣味灰空间，消解设施体量，为儿童营造丰富、多变的内部游玩路径。考虑组团的泛光效果，营造梦幻、丰富的环境氛围。

景观协调，置入多样功能

置入多样化开放功能，营造多元万象的街道公共空间，景观广场结合绿化座椅设计，提供休闲、停留场所。依托独立安全出口，结合休闲座椅与室外灰空间，作为中央公园的休息亭。

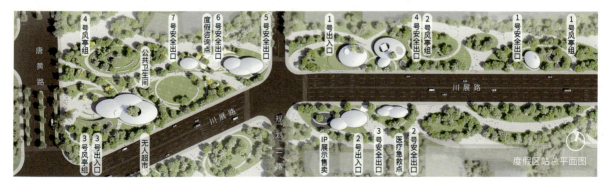

度假区站总平面图

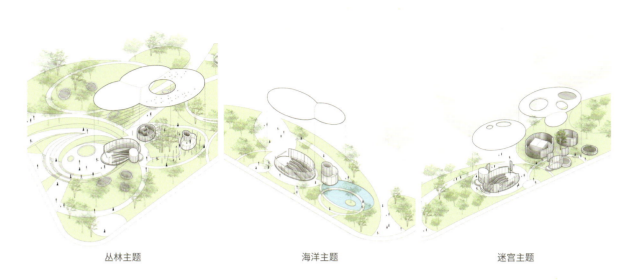

丛林主题   海洋主题   迷宫主题

度假区站设计轴测图

度假区站鸟瞰图

下盐路车辆基地

景观建筑设计单位：中铁第四勘察设计院集团限公司

下盐路车辆基地为机场线车辆基地与沪通二期动车所合址共建，位于申嘉湖高速南侧，周边以大面积生态开敞空间为主，水网密布、水乡肌理完整，生态景观条件较好。设施总建筑面积为60614平方米。

设计亮点

设计以尊重自然为前提，尽可能在设计到建造过程中降低建设对周边生态环境的干扰。基地设计最大限度上保持水绿循环、充分利用自然地形。整体概念以生态郊野为主题打造龙栖港湾的基地意向，基地布置形态抽取游龙形态和水波纹元素。基地园林景观以柔美的曲线造型，打破车辆段建筑方正刻板严肃的工业厂房建筑形象，通过曲面造型,在建筑周边围合成半封闭的景观节点,形成曲径通幽的休憩环境。

车辆基地管理用房

车辆基地鸟瞰图

机场联络线敞开段

景观建筑设计单位： 上海市政工程设计研究总院（集团）有限公司

祝桥敞开段位于市域机场联络线上海东站与规划航站楼站之间。项目位于浦东新区祝桥镇，申嘉湖高速公路（S32）以北。敞开段周边地块现状为苗圃及明塘。敞开段长度约 576 米，宽度为 17 米，高度为 6.5 米。

设计理念

龙文化博大精深，已经成为中华民族的精神象征。设计应用龙纹，使得敞开段拱形雨棚的墙面与屋面有机地连成一体，立面材料采用灰、白色，勾勒出龙纹的表皮，形成具有中国传统文化建筑特色的构筑形态。

设计亮点

项目周边多为交通功能的建筑，在造型上均采用现代、简洁的建筑风格，采用大气、虚实变化、韵律感彰显出交通型区域特征。祝桥敞开段雨棚结合线路设置情况，通过在雨棚上修饰的龙纹纹路和开孔编排控制，得到一个变化的空间形体，既是对现代建筑的顺应，也是对自然大环境的顺应。

从建筑空间与结构上，采用拱形结构，在保证结构性，功能性的同时，做到图案的优美，不论从地面、空中，整个雨棚造型浑然一体，与周边建筑、与环境相互协调、融为一体。

敞开段立面效果图

4.1.3 南汇支线

建设单位：上海申铁投资有限公司
总体策划设计单位：上海市上规院城市规划设计有限公司
总体工程设计单位：中国铁路设计集团有限公司、上海市城市建设设计研究总院（集团）有限公司

160 公里时速的高线公园

南汇支线线路全长 34.86 里，主线长 27.88 公里，上海东支线长 6.98 公里。北起东方枢纽，南至临港新片区城市副中心。南汇支线是临港新片区辐射长三角的重要支撑，助力临港新片区实现衔接内外、陆海空联动的国际开放枢纽功能。南汇支线全线设车站 6 座，上海东站、T3 航站楼站为接轨车站，其余 4 座为新设车站。新设车站中，地上站 2 座、地下站 2 座。

南汇支线连接浦东枢纽和临港新片区两大国家级对外开放门户区域，同时通过机场联络线进一步与虹桥枢纽联通，具有 15 分钟到浦东机场、60 分钟到虹桥机场的对外交通优势，串联上海、长三角乃至全国最高水平、最高能级的开放区域。

南汇支线线路布局图

规划定位

创新纵贯线

南汇支线由北向南依次经过东方枢纽、临港新片区机场南片区、综合产业片区及滴水湖核心片区，串联了上海东部重要的创新、开放空间。

文脉剖切面

南汇支线行经上海东部滨海区域，与上海历史上向海而生、自强不息的历史文脉相得益彰，以人民塘、随塘河为代表的围垦成陆，以三灶港、北横河（四灶港）为代表的盐田灶港，以老港镇（二团）、祝桥镇（五团）、火箭发射场遗址为代表的御敌自强的历史和精神。

生态展示廊

南汇支线沿线区域为上海东部，浦东新区中部重要的生态廊道、生态保育区及郊野田园区域，串联了沿线老港郊野公园、滨海森林公园、桃博园等城市重要的郊野活动空间，生态保护、绿色发展也同样是南汇支线沿线地区所承载的主题。

线路生态布局图

线路功能布局图

线路历史脉络图

线路主题分段图

风貌引导

风貌主题分段

"未来感"区段为下盐路—上飞路以北区段，包括东方枢纽及临港新片区机场南片区。该区段的特点概括为国家门户、国之重器，突显先进制造业风貌，展现未来科技氛围。

"海河韵"区段为下盐路—上飞路与大治河之间区域，主要为郊野生态空间，是上海在不断成陆过程中形成的在地文化和生态文明的集中展示场，突出郊野生态风貌和历史人文环境。

"国际风"区段为大治河以南区段，为位于临港新片区主城区的区段，风貌上应顺应新片区更开放、更自由、更创新的气质。

线路主题色

南汇支线作为临港新片区重要的交通设施，是市政设施高质量发展的创新示范，为新片区带来新的生机与活力。线路主题色在以海天之蓝为主的基调下融入春的色彩，展现新片区"日出江花红胜火，春来江水绿如蓝"的崭新面貌。

分段色彩指引

下盐路站：主题色为银蓝，基调色为中高明度、低彩度的浅蓝灰色系，体现科技未来特色。

东大公路站：主题色为天水碧，基调色为中高明度、中低彩度的青灰色系，体现蓝与绿的交融。

临港综合区站：主题色为钴蓝，基调色融入周边城市环境，体现综合区技术创新的使命。

临港开放区站：主题色为宝石蓝，基调色融入周边城市环境，展现国际化、现代感。

站点		下盐路站	东大公路站	临港综合区站	临港开发区站
地区级别		—	社区中心	社区中心	中央活动区
站点类型		地上站	地上站	地下站	地下站
换乘线路		—	—	—	—
周边功能		交通 文化 体育 研发	商业 研发 森林公园	商业 办公 居住	商业 办公
色彩	主题色	银蓝	天水碧	钴蓝	宝石蓝
	基调色	中高明度、低彩度的浅灰蓝	中高明度、中低彩度的青灰	与周边城市风貌衔接	中高明度、低彩度的金属灰
美好生活盒子	等级	A	A	B	A

站点一览

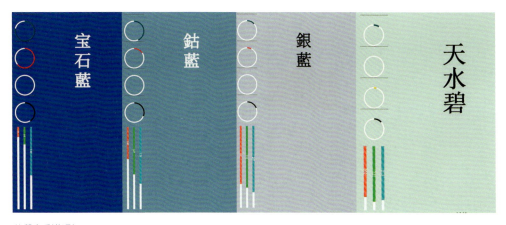

分段色彩指引

浦东枢纽
交通设施
地区引擎

机场南片区
高端制造业
创新攻坚

综合产业片区
信息技术、人工智能、航空航天创新策源

滴水湖核心片区
自由开放
服务创新

上海滨海森林公园

上海滨海森林公园

老港郊野公园

空间意象示意图

南汇支线 临港开放区站站厅效果图

南汇支线 下盐路站效果图

南汇支线 东大公路站站厅效果图

南汇支线 东大公路站鸟瞰效果图

下盐路站

景观建筑设计单位：上海建筑设计研究院有限公司

下盐路站位于浦东枢纽南侧的机场南片区内，两港大道与规划三路交叉口北侧。站体位于航空产业区内，毗邻浦东 T3 航站楼，"航空"主题突出；同时基地紧邻城市主要道路两港大道，是主要的城市展示界面。下盐路站为路侧高架两层车站，长约 220 米，宽约 40 米，高约 26 米，建筑面积约 1.85 万平方米。

设计理念

下盐路站以"展翅未来"为设计概念。采用"探索世界、展翅飞翔；凝聚航空文化，一起飞向未来"的寓意，与周边区域的功能布局、风貌形象融合协调。外观上，利用航空元素特征强化站点位于航空产业区的独特区位，塑造具有场所精神的建筑立面，赋予其作为城市重要展示界面的标识意义。布局上，创新建筑材料、构造技术和节能措施等与车站空间组合、流线组织的关系，彰显建筑与科技融合的同时，促进站内、周边地区活力的提升。

下盐路站立面效果图

设计亮点

提升美感，通过流动曲线形态和渐变杆件彰显航空文化

站点抽取从飞机两翼到舱体的流动曲线，塑造具有轻盈而具有张力的建筑形态，以展现航空工业大气磅礴的整体形象。立面通过有序渐变的横向杆件、顶部的构架曲线强化展翅意向；色彩选取与飞机材料相近的银灰色调，搭配银蓝色增加立面层次，结合未来感主题的装置艺术，塑造彰显大飞机产业文化内敛精致、大气简约的门户形象。

场所统筹，站点与城市空间链接

站点通过首层中部非收费区预留 24 小时开放的公共通道，避免建筑对城市空间的割裂，促进城市绿化主轴塑造连续性。公共通道有利于西侧换乘人群直达东侧运动活力广场，使东西广场联动激活、车站空间复合化。站台中部通过高空间实现建筑双向的自然风对流，更好地利用自然因素改善站台候车环境。

高视角鸟瞰图

公共通道穿过站体示意图

南汇支线 下盐路站效果图

东大公路站

景观建筑设计单位：北京中联环建文建筑设计有限公司

东大公路站位于临港新片区综合产业片区北部，东大公路北侧。站点周边地区是以生产性高科技研发为主导功能，融合生活居住功能的产学研一体化的综合性产业片区。车站北侧为集商务办公、商业服务和文化休闲等功能于一体的社区中心，南侧为滨海森林公园。东大公路站为高架车站，长约 220 米，宽约 42 米，高约 23 米，建筑面积约 1.87 万平方米。

设计理念

东大公路站以"巨轮远航"为设计概念。站点突出其位于整条南汇支线中心位置的特征，承接北段"下盐路站"空港区域"展翅未来"的概念及南段"临港综合区站"滨海的特质，以"巨轮远航"的概念进行呼应，促进塑造开拓创新的新城形象。通过塑造流畅曲线形的巨轮形体建筑，突出开放、自由、创新的区域意向，促进公共服务的跨区链接和区域活力空间的融合。此外站点风貌融合城市功能与生态景观，突出周边自然生态环境优势，突显交通枢纽的功能嫁接、形象展示作用。

站点流线分析图　　　　　　　　　　　　　　　站点轴线分析图

立面效果图

设计亮点

系统筹划，丰富站点城市形象

希望通过生态滨海的整体景观打造，交通枢纽的功能嫁接，区域形象的对外展示，公共服务的跨区链接，区域活力空间的融合打造，实现站点丰富的城市形象，打造多元呼吸、智慧科创、持续循环的新城印象。

整合联动，优化入站空间体验

站体长度 220 米，中间设置南北出入口，从而联系北侧城市空间与南侧滨水空间，贯通城市轴线。北侧出入口结合城市的广场，南侧出入口结合自然滨水景观，增强出入站空间体验。多组垂直交通满足大人流使用需求。调整地面层轮廓以满足城市广场及城市界面的需要。

社区关怀，打造滨水广场空间

南广场充分利用滨水资源，打造滨水自然的城市广场空间，种植生态美观的水生植物，精细化设计铺地及景观小品的形态形式，打造供市民活动游览的城市广场，丰富市民活动空间。

开放的候车平台

站厅内部效果图

临港开放区站

景观建筑设计单位：上海唯筑建筑设计有限公司

临港开放区站位于临港新片区中央活动区滴水湖核心片区，香柏路以东、乔柏路以西、秋涟河以南、夏涟河以北。滴水湖核心片区定位为集聚资源配置功能的开放枢纽地、汇聚海内外创新人才的国际会客厅、彰显海湖韵多元文化的未来魅力城，车站位于滴水湖核心片区北部，南北向中央绿轴下方，周边以跨境商业、办公、贸易、文化等开放功能为主。临港开放区站为地下车站，长约 656 米，宽约 24 米，埋深约 20 米，出地面设施建筑面积约 2000 平方米。

设计理念

临港开放区站以"未来客厅"为设计概念。站点作为未来客厅中的家具，瞬息万变的云彩、物换星移的自然等元素成为关键的设计要素，寓意站点在滴水湖的核心区域开放怀抱、迎来送往、溢彩流光，更具突显海湖特色的蓝绿生态风貌、体现临港新片区"更开放、更自由、更创新"目标的作用。

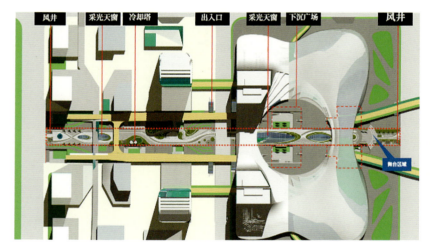

临港开放区站出地面设施

平面布局图

临港开放区站鸟瞰图

设计亮点

整合联动，车站与城市融为一体

车站设施与周边城市空间高度整合。通过设计整合，将车站多数出入口、安全出口、风亭组等出地面设施与周边地块开发结合设置，通过下沉广场加以容纳消解，使车站与周边城市空间融为一体，以最大限度保障中央绿轴和城市空间整体风貌、公共活动整体流线的连续性和高品质。结合周边地块建设时序，部分出地面设施近期需独立设置，通过与整体空间融合的方式消隐于环境之中。

提升美感，采用"临港晨露"艺术主题

曲线天窗顶盖体现标志性美感。临港开放区站作为南汇支线现阶段的终点站，深入临港新片区核心区域，着重强化了车站的标志性。顺应新片区迎接上海每天第一缕晨光的独特区位，以车站最主要的出地面设施天窗顶盖为重点，设计意象采用"临港晨露"的主题，以具有未来感的曲线设计语言、大珠小珠落玉盘的有机形态与车站上方的城市巨构、塔楼元素相得益彰，成为区域地标元素。

采光天窗效果图

下沉广场效果图

地下庭院鸟瞰效果图

地下铁路出入口效果图

南汇支线中心河桥

景观建筑设计单位：中国铁路设计集团有限公司、上海建筑设计研究院有限公司

中心河桥工程位于中心河与规划纵联河交叉口、南汇支线滨海森林站和临港综合区站之间的郊野地区，周边生态水绿条件良好。桥梁工程结构跨度达到 110 米，是南汇支线最长的配套工程，处于线路由高架转为地下的关键节点，担负着线路连通、防洪排涝、风貌协调等功能。

设计理念

设计以"龙脊曲线"为设计理念，中心河桥处于南汇支线由高架转为地下的区段，中心和处铁路轨面至地面高度仅 8 米，同时桥梁支座必须高于中心河百年洪水位，因此桥梁结构需采用主梁结构厚度较好的上承式。设计对单拱形桥体进行艺术化处理，展现艺术特质。桥梁处于科创森林景观带中，穿行于茂盛疏林、郁郁葱葱之中，形成自然与艺术交汇的乐章。

设计亮点

节约用地

中心河桥处于双线间距 4.2 米扩大到 18 米的过渡段，需要通过桥墩紧凑布局、一体化设计，减少工程占地，为周围自然生态场所提供更多空间。同时还能缩小桥梁断面，减轻桥体自重，节约建造成本。

结构优化

中心河桥针对百年洪水位控制要求，选用主梁结构较薄的上承式结构，在桥面以上采用拱式结构和桁架结构加劲的方式，保证了桥梁的适用性和通行功能，增加了桥梁的承载能力和耐久性。

中心河桥鸟瞰图

4.1.4 嘉闵线

建设单位： 上海申铁投资有限公司
总体策划设计单位： 上海市上规院城市规划设计有限公司
总体工程设计单位： 中铁上海设计院集团有限公司、上海市隧道工程轨道交通设计研究院

西部轨道交通脊，新城主城融合线

轨道交通嘉闵线正线全长 44 公里，北起嘉定新城，南至莘庄副中心，是上海市首条直接服务于新城综合交通体系的市域铁路，将助力嘉定新城建设长三角一体化和虹桥国际开放枢纽的链接通道。

嘉闵线正线设 15 座车站，串联了多个重要节点，包括 3 个副中心（嘉定市级副中心、虹桥主城副中心、莘庄主城副中心）、4 个地区中心（徐行地区中心、南翔地区中心、江桥地区中心、七宝地区中心）及 3 个历史古镇（嘉定古镇、南翔古镇、七宝古镇），是一条新古辉映、连接历史与未来的线路。

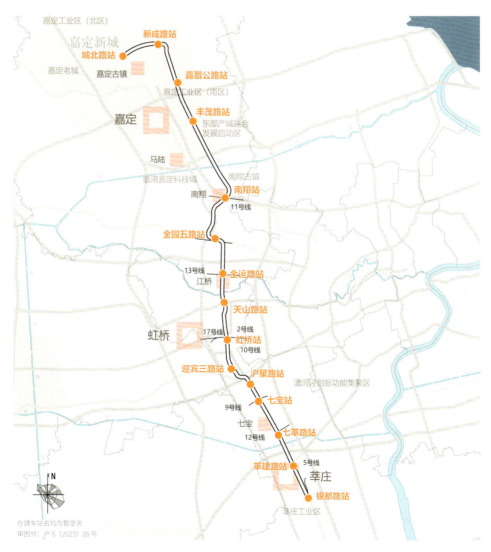

轨交嘉闵线线路布局图

规划定位

西部轨道网络的脊柱

嘉闵线作为上海轨道网络中全线位于外围（外环以外）的新建线路，构建了主城区以外区域之间的便捷联系，在上海西部承担南北向的支撑作用，串起 6 条肋骨（东西向地铁线路），稳固交通骨架，显著提升嘉定新城、虹桥商务区、闵行主城片区等地区的可达性与辐射范围。未来嘉闵线将北延太仓，进一步推动与环淀山湖战略协同区等近沪地区功能网络一体化。

最古老沙脊上的铁路

随着海岸线东移，在长江和海水交互作用下，逐渐形成古海岸线——冈身（较低而平的山脊为冈），嘉闵线走向与冈身高度契合。冈身是东、西两种地貌及文化的交会线，冈身遗址之上的嘉闵线游走于主城片区、新城与新市镇之间，延续冈身使命，起到缝合链接的作用。

线路意象图

审图号：沪 S（2023）26 号

风貌主题分段图

风貌导引

三大风貌主题分段：科创引领、国际枢纽、品质宜居

"科创引领段"位于嘉定新城，展现面向未来智造中心的科技现代感，体现品质高端、产城融合、科创引领的产业高地形象。"国际枢纽段"位于虹桥地区，体现海派韵味、国际新锐、时尚交往的国际时尚气质，营造创新共享的世界级商务区氛围。"品质宜居段"位于闵行莘庄副中心，突出品质卓越、生态宜居的现代化城区面貌，营造具有温度、有活力的主城片区氛围。

线路主题色：黄色系

嘉闵线主题色为黄色，包括尘砂黄、琉璃黄与活力黄三重内涵。尘砂黄代表冈身的材质，是上海逐渐成陆的印记。嘉闵线串接南翔、七宝等重要的历史古镇，七宝琉璃玲珑塔、南翔古漪园银杏叶的色彩是具有古典气息的琉璃黄色。活力黄则展现嘉闵线沿线地区的积极面貌与时尚气质。

分段色彩指引

城市副中心型站点采用活泼时尚的鹅黄，历史风貌型站点采用中国传统色彩中的琉璃黄，产业社区型站点采用体现产业特色的石黄，居住社区型站点采用舒缓柔和的米黄色，产城融合型站点采用和谐温暖的向日黄。

建筑形态（第五立面） 上下起伏，灵动变化	建筑色彩与材质 源自冈身，古朴自然	设施功能 多面交汇，多元功能	周边环境 扎根周边，长于大地

总体意向的演绎

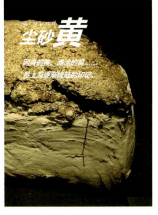

嘉闵线线路主题色

嘉闵线 嘉戬公路街景效果图

嘉闵线 天山路站街景效果图

嘉闵线 金运路站下沉式广场效果图

嘉戬公路站

景观建筑设计单位：华东建筑设计研究院有限公司

嘉戬公路站位于嘉定区新城片区内，澄浏中路与嘉戬公路交叉口南侧，沿澄浏中路南北向布置。周边多为住宅区，周边生活气息浓厚，靠近嘉定体育中心，属于嘉定老城外围圈层。嘉戬公路站为地下站，设地面出入口4处，出地面设施建筑面积1455平方米。

设计理念

嘉戬公路站以"融合之原"为理念，建设一个上下起伏、灵动变化，源自历史、古朴自然，多面交汇、功能多元，扎根自然、长于大地的形象绿化生态公园式站点。设计根据新城的整体格局、沿用老城的独特水乡环境与海派文化，抽象转译成为新嘉定的风格设计理念；结合水田肌理和城市特征，打造回归公众、生态活力的口袋花园休憩空间。

设计亮点

社区关怀，引入亲人尺度和活化功能的城市空间

嘉戬公路站位于生活居住片区，周边人口众多。设计以花园小屋的形式拓展设计范围，将街道空间与站体出入口相结合，形成活力街角，为周边的社区居民提供休憩空间，将嘉戬公路站周边打造为生活气息浓郁的生态活力绿化空间。延续立面整体式幕墙形式，在色彩上以象征活力的嘉闵线米棕色调为主，简单的花园小棚架构，舒缓柔和的色调，给返家的市民带来充满归属感、放松感的空间体验。

嘉戬公路站整体鸟瞰图

嘉戬公路站休憩空间设计效果图

金运路站

景观建筑设计单位： 华东建筑设计研究院有限公司

金运路站位于嘉定区南部北虹桥片区内，江桥镇金沙江西路与金运路交叉口南，沿金运路南北向布置。周边以商业和居住区为主。金运路站为地下站，设地面口 2 处，为下沉广场形式。出地面设施建筑面积 3050 平方米。

设计理念

项目以"宜居之原"为设计概念。金运路站项目位置独特，位于居住区较为密集的区域内，周边商业也多是以服务周边居民为主的小商业模式，生活气息较浓厚，因此在设计之初的想法是处理好人与环境的关系，将站体作为居民日常生活中一部分。同时与嘉闵线整体线路的主题相呼应，以"融站于景、温暖宜居"理念为指导，在北虹桥片区建设一个形象优雅、绿色节能、功能完备根植于金运路站体本身特色的轨道交通站点。

项目的建设将缓解金运路周边的交通压力，助力提升北虹桥片区的整体价值，完善提高城市功能，建成后的金运路站可以为广大市民提供交通换乘、玩乐休憩的场所，并将起到联动区域经济发展的重要作用。

金运路站总体鸟瞰图

设计亮点

整合周边环境与功能，提升沿街景观环境

金运路站整体意向取自开放的廊架形象。一部分出入口与周边环境协调，以下沉广场的形式，最大限度减少站体对周边环境的影响。将站体置于地下还能在一定程度上缓解对街道的压迫感，提升行人的视觉体验。另一部分采取廊架的形式，将地面附属出入口、风井、无障碍等出地面设施进行统一设计，打造沿金运路临街完整景观带，营造充满活力的城市客厅形象。

完善城市功能，充分利用出入口空间打造舒适的生活空间

总体空间上，注重出地面站口以及所有出地面附属设施，和周边产业之间的联系。避免出地面附属设施割裂未来城市空间，保证城市的连续性，同时为周边生产生活办公人群提供空间品质的保障与提升。

金运路站1号景观风亭组

金运路站设计效果图

1号出入口周边鸟瞰图

2号、3号出入口周边鸟瞰图

天山路站

景观建筑设计单位：华东建筑设计研究院有限公司

天山路站位于闵行区北部国际商务聚集、虹桥核心区内，申昆路与北翟公路交叉路口南侧，沿申昆路南北向布置。站点东侧为上海农科院，西侧为现状空地，市域三中心选址于现状空地南侧。天山路站为地下站，设地面出入口 3 处，出地面设施建筑面积 1600 平方米。

设计理念

项目以"智慧之原"为设计概念，营造具有鲜明科技元素特征，塑造区域统一形象的设计理念。天山路站站体建筑方案，以"科技，未来"理念为指导，在虹桥核心商务区北部建设一个形象简洁、绿色节能、功能完备具有时代高新科技特征的轨道交通站点。项目的建设将助力市域三中心周边的整体价值的提高，缓解未来开发强度提升后的交通的便利，将完善提高城市功能和文化品味，建成后的天山路站平时又可为广大市民的交通换乘、休憩提供良好的场所，并将起到联动区域经济发展的重要功用。

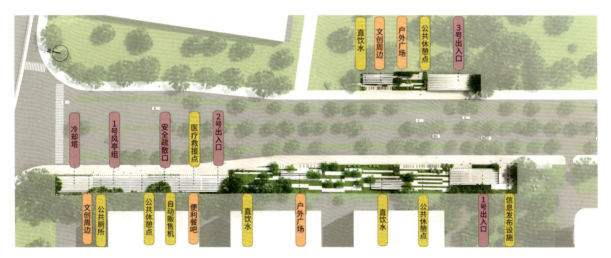

天山路站总平面图

天山路站设计效果图

设计亮点

协调共生，提升沿街景观

天山路站整体意向取自市域三中心简洁的科技感形象。出入口形象取其立面的流动曲线，曲线独有的流动性塑造出简化的列车头状，传达出列车飞驰的速度感。立面上采用透明玻璃，减小站体对周边环境的割裂，以此达到将站体融入环境的目的。顶部构架采用银白色流线形的金属杆件，营造强烈的科技与速度感，与市域三中心的形象融为一体，打造完整的片区科技形象。

地区融合，多功能复合空间营造

总体空间上，除了站体需要围护的区域，其他部分都向城市开放，充分利用出入口与风亭组之间的空间，设置一定的休憩及绿化空间，景观设计与建筑统一，形成完整的沿街景观轴线。片区功能上，除满足基本的交通功能外，结合出入口及风亭设置公共休憩空间及街角公园，使出入口与景观联动一体，相互激活。

社区关怀，城市空间活化和功能植入

从需求上看，天山路站西侧为规划办公用地及市域三中心，未来车站周边的商业、服务、公共活动等服务设施较匮乏。在设置面向通勤旅客及周边人群的"美好生活盒子"时，在功能上建议以基础供给、应急保障等功能为主，如公共厕所、自动售货机、直饮水点、便民服务点、医疗救助点等。

天山路站设计效果图

天山路站休憩空间设计效果图

4.2 开放创新的动感纵线

4.2.1 地铁 21 号线

建设单位： 上海申通地铁建设集团有限公司
总体策划设计单位： 上海市上规院城市规划设计有限公司
总体工程设计单位： 上海市隧道工程轨道交通设计研究院、中铁二院工程集团有限责任公司、
北京城建设计发展集团股份有限公司

两港纵贯线，全球创新链

21 号线一期工程线路全长约 42 公里，北起外高桥地区，南至东方枢纽。线路联系沿线多条东西向轨道交通线路，提升轨交服务便利性。连接自贸区外高桥、金桥片区、张江科学城、上海国际旅游度假区、东方枢纽国际商务合作区等重要功能区，支撑地区开放创新转型发展。21 号线一期工程设站 23 座，其中换乘车站 11 座。线路中 7 座车站连接城市副中心；3 座车站连接地区中心；1 座车站连接产业社区。

规划定位

东部对外交往快线

21 号线南接东方枢纽，远期考虑向北延伸至吴淞口邮轮港，联系上海两大对外交通枢纽，能为沿线地区对接国际化、前沿、高质量的发展要素。随着上海东站的建设，在原有的浦东国际机场、吴淞国际邮轮码头所承载的国际、国内长距离交往基础上，上海大都市圈层面的流动将大大增强，为沿线地区带来新的活力和机遇。

创新产业升级纵线

21 号线沿线联系吴淞、金桥、张江三个城市副中心，上海国际旅游度假区、东方枢纽地区等高端服务业创新地区，以及外高桥保税区、金桥汽车产业园、沪东船厂地区、孙桥科创中心、张江集电港等先进制造创新地区，构成丰富的创新产业功能链条，在上海创新发展格局上具有重要的引领示范作用。

国际活力生活高线

21 号线串联了 2000 年代的碧云国际社区、 2010 年代的森兰国际社区、建设中的孙桥国际社区、规划中的祝桥国际社区等多个国际化的生活片区。随着上海国际社区的内涵从面向境外人士提供居住功能向承载更加年轻、多元、国际化的生活方式演变，21 号线沿线的国际化生活特征由封闭走向开放，由隔离走向交往，与沿线地区的功能和品质提升、产业和科技创新相得益彰。

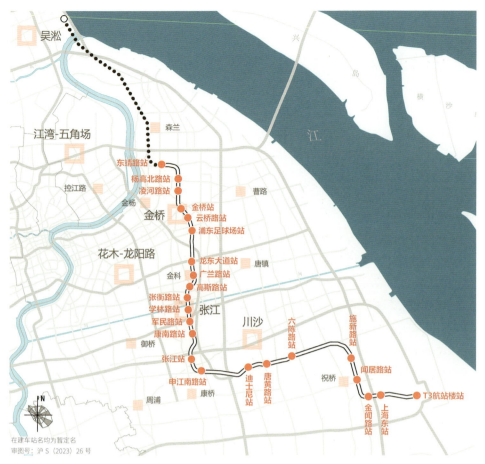

地铁 21 号线线路及站点规划图

地铁 21 号线线路分析图

风貌导引

四大风貌主题分段：滨江新生、智能制造、未来科学、休闲度假

滨江新生段突出创新与生活、创新与生态融合的新风貌。

智能制造段展现制造业升级的示范性，突显高端产业的工业技术美。

未来科学段强调科学技术策源、创新研究的未来科学风。

休闲度假段突显国际交流交往和休闲旅游度假的浪漫缤纷感。（参见 52 页地铁 21 号线的定位和风貌示意图）

线路主题色：科技潮蓝

选取蓝色系为线路主题色，既突出地铁 21 号线科技创新的主题特征，也与已有线路特别是具有换乘关系的线路形成较明显的区隔。

分段色彩指引

在线路主题色的基础上，智能制造段可进一步增加深蓝、深绿、深黄等点缀色彩，突显先进制造业的智能、厚重的风貌特征。未来科学段可进一步增加浅蓝、浅绿、银色等点缀色彩，彰显科技创新前沿、酷炫的风貌特征。休闲度假段可进一步增加紫色、玫红、奶白等点缀色彩，突出休闲度假浪漫炫彩的风貌特征。

地铁 21 号线风貌及色彩分段指引图

地铁 21 号线 学林路站效果图

地铁 21 号线 广兰路站效果图

地铁 21 号线 浦东足球场站效果图

杨高北路站

景观建筑设计单位：水雁飞建筑设计（上海）有限公司、同济大学建筑设计研究院（集团）有限公司

杨高北路站位于浦东新区森兰国际社区，可与轨道交通 12 号线换乘。周边以生活居住功能为主，东侧为防护绿地公园。该站点为地下站，出地面设施建筑面积 1420 平方米。

设计理念

车站设计以"入绿—融绿—沐景—享景"为理念，设计突出"轻盈""透亮""便捷""舒适"。站点似公园小品，又如城市驿站，可供小憩。采用重型结构结合轻质屋面，金属质感结合通透体量的设计手法。

设计亮点

环境友好，融入公园

车站位于杨高北路东侧高压线防护绿带公园的区位条件，出地面的风井等基础设施构件掩映在绿化中，四周以轻质半透明材质围合，与环境渗透融合，避免行人的干扰，也不显突兀。出入口以重型结构＋轻质屋面的体系呈现，顶部为金属格栅化的处理，结合门架式结构，具有一定的标识性，在绿带公园内形成线形连绵、互相呼应的一系列小品。

提升美感，数字赋能

按照车站所处智能制造区段的风貌定位，突显产业技术的力量科技美感。通过挺拔的金属线条与通透的玻璃材质融合，弱化地面构筑物体量的压迫感；通过玻璃工艺的处理和科技数显的变化，体现艺术感。

杨高北路采光天窗与美好生活盒子效果图

杨高北路站出入口效果图

出入口人视角效果图

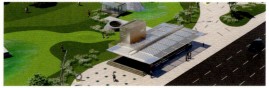

出入口鸟瞰效果图

金桥站

景观建筑设计单位：来建筑设计工作室、同济大学建筑设计研究院（集团）有限公司

金桥站位于金桥副中心区域，中央绿轴北端，可与轨道交通 9 号线换乘。周边以商务办公、文化休闲、会议展示、创意研发、生态游憩功能为主。该站点为地下站，出地面设施建筑面积 733 平方米。

设计理念

车站位于"智能智造"风貌区段，通过科技工业风延续地区文脉，功能和景观融入中央绿轴。设计提出"飞腾"概念，将科幻色彩的 X 翼战机和中央绿轴的自然生态结合，形成具有科技感的山谷飞鹰之势。在造型设计上，提取"X"这一具有辨识度的符号，将其演变成主要的建筑形态。通过现代结构的合理表达，传递出"科技感""飞腾感"，突显标志性。

设计亮点

提升美感，展现工业技术美：站点设计在形体、材料等多方面展现智能制造升级与示范形象，突显高端产业的工业技术美。轻盈的钢结构支撑起轻薄的屋面，通过现代结构的裸露表达，精致的细部构造，传递工业感和科技感 。同时，站点采用模块化的方式，在建造施工、后期维护上具有良好的可持续性。

融入环境，打造绿轴门户感：站点位于金桥副中心中央绿轴的北端，也是从北部进入金桥副中心的门户。在景观设计上，绿轴在此处形成节点，飞腾形象的站点建筑散落其中 ，犹如山谷飞鹰之势。硬朗的站点建筑与周围自然植被形成刚柔并济之感，在突出标志性的同时，功能和景观融入中央绿轴。

社区关怀，服务市民休闲：结合城市副中心的公共活动需求，站点植入美好生活盒子功能，包括早餐点、花店、便利店、服务驿站等，与地铁站、地面附属设施一体化设计，在满足市民生活需求的同时，提升街道空间的风貌与活力。同时设计营造多样化开放空间，引入市民活动，进一步增强中央绿轴活力。

出入口效果图

金桥站人视效果图

浦东足球场站

景观建筑设计单位：毕帝基建筑工程设计事务所、同济大学建筑设计研究院（集团）有限公司

浦东足球场站位于金港路与锦绣东路交叉口南侧，靠近浦东足球场，可与轨道交通 14 号线换乘。周边规划以商业、办公用地为主。该站点为地下站，站点出地面设施面积 1220 平方米。

设计理念

以周边地标性建筑—浦东足球场为空间原型，提取"椭方"的基本空间形态。融入比赛进球时足球接触球网形成的锐角冲击形式，赋予建筑活力、张扬的气质。将足球在空中运行时抽象的"破风"形式，转译为具象的横向动势条纹，作为局部细部装饰纹样，进一步强化表达足球运动元素。

设计亮点

足球主题，彰显文化： 该站方案最突出的形体设计表现为主出站口覆盖放射状的弧形金属屋面，附属服务设施覆盖球网状的弧形金属屋面，在体现未来科技感的同时也彰显足球运动的活力动感。屋顶中央设置有 LED 自发光足球场图案，以便旅客乘自动扶梯出站时第一时间感受足球气氛。出站口的小型景观广场也设置以足球为母题的抽象艺术雕塑，进一步增强站点的足球运动氛围。色彩方面，以体现科技感的蓝色作为主色调，适当点缀动感橙色表达活力热情的足球文化。

提升美感，融入城市： 以自由流畅的圆弧线和不断向外扩散的放射线，表达未来科技的无限可能。同时，通过开敞式屋面、纤细金属支撑柱、通透玻璃幕墙等建筑元素最大限度地减弱地铁出地面设施对于周边环境的影响。空间布局充分考虑周边商业办公的交通流线，檐下灰空间连同景观广场将出站口和服务设施融入到周边城市公共空间中。

社区关怀，服务生活： 在出站口设置"美好生活盒子"，植入服务功能，新增医疗救援点、生活集市、自行车停车场、咖啡简餐店、文化演出广场等公共服务空间模块，打造居民日常停留和休憩的城市街边空间。

总平面图

出入口顶部效果图

广兰路站

景观建筑设计单位：畎亩建筑设计事务所、同济大学建筑设计研究院（集团）有限公司

广兰路站位于广兰路—集电港地区中心，南临广兰公园，可与轨道交通 2 号线换乘，周边为地区中心商业、办公、文化、体育等设施。该站点为地下站，出地面设施建筑总面积 1400 平方米。

设计理念

车站设计以让科技回归生活为理念，意图塑造一个"家"的原型，在日常城市交通的环境节点中，为市民创造一个有归属感的近人尺度场所，一个有庇护感的可短暂停留的"家"。

设计亮点

彰显文化，融合聚落与科技：通过保留坡屋顶的形态，融合周边地区原有的城市肌理，保留地区原有的水乡记忆。同时，充分的呼应张江科技城的创新氛围，在端头处设置一个类似飞行器的气泡仓，尾部也类似飞行器的尾翼，让小小的构筑物也能给市民留下记忆点的，同时也将生活美好盒子的功能嵌入其中。

社区关怀，"家"的原型展现人本：科技的原点是人，人的原点是家。设计通过把美好生活盒子装入车站出地面设施中，在空旷的城市环境里为市民创造一个有庇护感的"温暖的家"以及有归属感的近人尺度场所，打造居民日常停留和休憩的街边共享空间。

改善邻避，景观协调融入环境：用线形花园的形式，改善"空调机｜冷却塔"并利用围墙设置一排座椅，实现供市民日常停留休憩的街角公园。从屋顶上看，风亭组和出入口由不同的坡屋顶形成聚落。

广兰路站鸟瞰图

141

学林路站

景观建筑设计单位： 原吉建筑规划设计（上海）有限公司、同济大学建筑设计研究院（集团）有限公司

学林路站位于张江副中心核心启动区，邻近科学之门、科学会堂等科学城地标建筑，可与地铁 13 号线换乘。周边以研发、商办功能为主。该站点为地下站，出地面设施建筑面积 737 平方米。

设计理念

车站设计从科技元素中提取设计语汇，意在打造沿哥白尼路延展的"科技与温度"交织的景观绿廊视觉体验。在造型设计上，拟合树干蓬勃生长的形态，通过光亮的金属材料在形式上做出新的表达，传达出富有"生命力"的科技感。在材料使用上，通过木质座椅及金属材质立面装饰穿插对比，隐喻前沿科技人理性与温暖相互交织的思辨态度。模块化的公交亭、便利店等美好生活盒子与风井构筑物灵活结合设置，构筑一条不间断的城市活力界面。

设计亮点

提升美感，科技与温度交织： 设施设计旨在打造"科技与温度"交织的景观绿廊视觉体验。在建造方式上，钢结构以一种优雅的姿态展现出理性的科技质感；局部围护结构使用木材，兼具自然与人文关怀的温度感。采用模块化的方式，组合出建筑空间，形成韵律之美的同时，也使得建造的生产、安装以及未来扩展更具可持续的灵活性。在造型设计上，通过金属材料框架在形式上的新表达，以及屋顶灯光的造型变化，传达出富有"生命力"的科技感。

数字赋能，增强信息互动： 车站采用智慧灯光系统为环境增添生气，根据不同光环境和季节提供不同的氛围感受，增强人们的体验感和互动性。通过大数据和5G 互联网联动，集成智能空调调节、客流监测系统、智能语音提示、地铁到站预报等智能系统，结合天气与人流量等环境条件，实时反馈。未来信息模块中还可加入 AI 互动服务装置，可面向社会群体提供更多智能无障碍服务。

学林路站外花店

唐黄路站

景观建筑设计单位：上海城间建筑设计事务所、同济大学建筑设计研究院（集团）有限公司

唐黄路站位于迪士尼乐园东侧，上海国际旅游度假区、川沙副中心范围内，可与市域铁路曹奉线换乘，周边功能以酒店会展为主。该站点为地下站，出地面设施建筑面积 1715 平方米。

设计理念

车站以"多向亭"作为设计概念，通过高低屋面的弹性组合适应不同的场地情况，在各个面向形成轻快的公共形象，兼顾各个方向来的人流。屋顶之间用天窗连接，增强地下与地面的连续体验。檐下空间布置休憩、无人贩售等功能，并整合城市公共空间，塑造花园般的出站印象。

设计亮点

提升美感，融入开放环境： 车站设计强调内外空间的开放性，通透开放的玻璃界面和高低屋面的弹性组合，及引入自然光线的侧高窗，对外形成轻快的公共形象，弱化站体本身的体量感、封闭感，对内增强地下与地面的连续体验。

可持续性，增强风貌包容性： 车站周边尚未开发建设，在保证美观和基本便民服务的前提下控制成本，简化设计，为未来出入口改造留有余地，充分考虑整体建设的可持续性。同时，塑造丰富的檐下灰空间，为未来美好生活盒子功能的植入预留空间，以便将来与周边城市界面相融合，为游客和居民提供各得其所的共享空间。

出入口鸟瞰效果图

出入口内部效果图

中间风井

景观建筑设计单位：上海城间建筑设计事务所、同济大学建筑设计研究院（集团）有限公司

　　地铁 21 号线中间风井位于浦东新区外环运河浦奉生态走廊，外环运河东侧，度假区高架西侧用地内，周边以苗圃、林地、水系等生态功能为主，为市级生态走廊。中间风井设计应降低环境影响，融入周边生态环境，适度预留未来提升潜力。中间风井出地面设施面积 307 平方米。

设计理念

　　风井设计希望结合其位于生态廊道内的区位特征，将围墙打开，将完整封闭的体量打散为出安全出口、风井等一组小体量的设施，使整个设施建筑能更好地降低环境影响，融入周边生态环境。

设计亮点

　　提升美感，隐入郊野空间：用一组高低错落的弧形屋面，如飘带一般串联两个安全出口体量，在风井靠道路一侧形成一系列檐下灰空间，以环抱的姿态欢迎路过的游人。风井及安全出口周边的围墙景观化处理为一系列的花池、矮墙、座椅，并延伸到周边的草坡林地中，结合绿化打造可供人停留休憩的生态绿廊景观节点。

　　社区关怀，预留服务空间：结合风亭组和安全出口在地面设置休憩凉亭、覆土绿坡和内庭院，在弧形屋顶的引导下吸引人驻留。考虑到远期风井有潜力成为生态慢行路线上的节点，设计在飘带屋顶下的休憩凉廊尽端，预留一处较规整的灰空间，根据需要可方便地改建围合为室内驿站空间，保证未来提升潜力的同时，避免资源的浪费。

中间风井功能布局图

中间风井效果图

4.2.2 地铁 23 号线

建设单位：上海申通地铁建设集团有限公司
总体策划设计单位：上海市上规院城市规划设计有限公司
总体工程设计单位：上海市隧道工程轨道交通设计研究院

魅力左岸动线，科教文体走廊

地铁 23 号线为市区线，位于主城区南部滨江，途经闵行区和徐汇区，一期工程线路全长约 29 公里，起于闵行开发区站，终于上海体育场站，向西预留延伸条件至松江车墩、南站枢纽，设站 22 座，其中换乘站 6 座，全地下铺设。地铁 23 号线伴江而行，与黄浦江之间的平均距离约 800 米，15 分钟可达滨江。线路串联徐汇滨江、吴泾战略留白区、紫竹高新区、华东师范大学和上海交通大学、闵行开发区等重要功能板块和植物园、体育场、艺术粮仓等特色节点，是带动徐汇和闵行滨江地区转型发展的重要引擎。

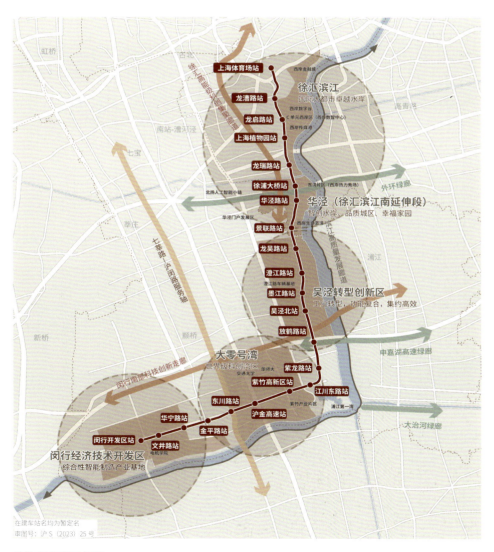

在建车站名均为暂定名
审图号：沪 S（2023）25 号

地铁 23 号线区位图

规划定位

上海主城区南部发展引擎线

地铁 23 号线整体位于上海市主城区南部，北连上海体育场站，南接闵行开发区站。作为主城区向南延伸的重要动脉，将有效提高徐汇滨江地区、吴泾地区、紫竹高新区和闵行开发区的轨交支撑力度和可达性，服务龙吴路客运走廊，加强闵行南部地区与中心城的交通联系，串联和激活黄浦江上游重点产业板块。

浦江中上游产业集聚和创新策源线

地铁 23 号线一期线路贯穿黄浦江左岸中上游。该区段既集聚了徐汇滨江、吴泾留白、闵开发等创新产业和战略转型功能板块，又承载高等院校、紫竹高新为代表的科创策源功能板块，未来将形成"金色左岸"，与对岸生态自然和农林休闲为主导的"绿色右岸"形成鲜明对照。从轨道交通驱动地区发展的角度，地铁 23 号线对"金色左岸"的整体形成将起着至关重要的作用。

伴江而行的风光线、公园线和活力线

线路滨江优势突出，出站见绿的特色鲜明，线路串联植物园、外环绿廊、澄江路结构绿地、吴泾北结构绿地、申嘉湖绿廊等多条生态结构绿地。科教文体活力氛围浓厚。线路串联上海体育场、油罐艺术中心等 7 处文体设施，上海植物园、华泾生态绿地等 3 处绿地，以及若干科技产业园区和高等院校，是汇聚大学生、青少年、科研人员、艺术家等多样人群的活力走廊。

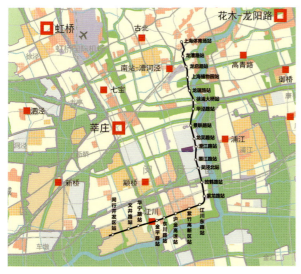

线路及站点规划图

地铁 23 号线与黄浦江沿岸地区空间关系

风貌引导

总体风貌：江河气派、创新转型、动感活力

地铁 23 号线各设施的风貌重点呈现"江河气派、创新转型、动感活力"特质，展示沿江而行、川流不息、荡气回肠的江河气派；体现串联吴泾、闵开发、紫竹等若干产业转型创新区，肩负带动引领沿线高质量发展的使命；展现线路周边高校集聚，文体设施众多，生态景观良好，充满动感活力的氛围。

四大风貌主题分段

整体形成"中央活力、创新转型、科创策源、开放智造"四大主题分段。设施色彩方面，采用"基调色 + 主题色"的演绎策略，根据四大主题分段进行引导。基调色淡雅朴素，接近建筑材料和城市环境本色。主题色围绕金色系，呼应线路整体风格，符合分段主题。

主题色彩：旭日金

选取"旭日金"为线路主题色，代表"希望与活力""品质与创新"，象征"日出浦湾，金色未来"的美好寓意。线路相关建筑景观和设施设计也以金色为主题，体现都市品质，温暖街道空间。整体铸就一条带动金色湾区高质量发展、串联浦江左岸若干耀眼节点的金色项链。

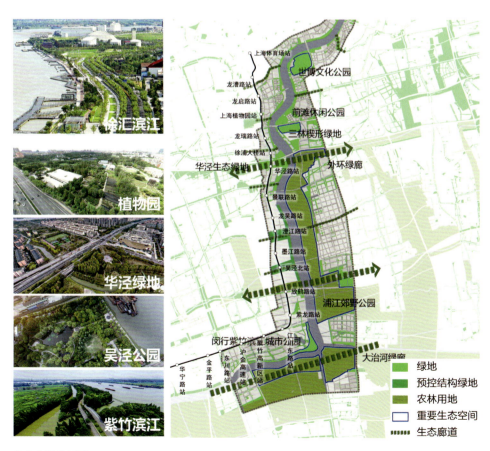

生态空间规划图

地铁 23 号线 徐浦大桥站街景效果图

地铁 23 号线 龙瑞路站街景效果图

地铁 23 号线 华泾路站街景效果图

地铁 23 号线 龙启路站街景效果图

江 河 气 派
川 流 不 息

创 新 转 型 生
创 棕 新 地 转 新

动 感 活 力
朝 气 蓬 勃

地铁 23 号线总体风貌

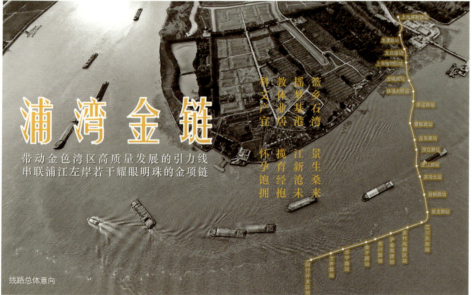

浦 湾 金 链

带动金色湾区高质量发展的引力线
串联浦江左岸若干耀眼明珠的金项链

线路总体意向

地铁 23 号线线路总体意向

中央活力段
赤金色 + 月白色
活力赤金 + 时尚月白

创新转型段
灰棕色 + 琥珀色
工业灰棕 + 创新宝珀

科创策源段
新芽色 + 湖蓝色
科创金芽 + 一湾水蓝

开放智造段
米灰色 + 新禾绿
温馨米灰 + 智造新禾

主题分段示意图

上海体育场站

景观建筑设计单位： 华建集团上海建筑设计研究院有限公司

上海体育场站位于中央活动区的徐家汇体育公园东侧，于天钥桥路与零陵路交叉口西南侧布局。本站作为 5 线交汇枢纽的特色站，与徐家汇体育公园、周边成熟社区共同形成体育文化活力节点，彰显运动文化、开放生态、动感活力的风貌特征，联动打造全球城市之体育赛事中心与体育文化新地标。该站点为地下站，出地面设施面积为 703 平方米。

设计理念

本站以"星光大道"为设计概念。站点造型抽象球场运动员入场的场景，营造上海体育场站位于徐家汇体育公园的特殊性与在地性；同时烘托"乘客—观众—运动员"之间的内在联系，让乘客观众体验出站即迈向星光璀璨的球员通道之场所感。本站力求将站点以及附属设施构筑物与徐家汇体育公园的总体规划进行整体统筹，打造"体育氛围浓厚、赛事举办一流、群众体育活跃、绿化空间宜人"的市级公共体育活动集区，成为卓越的体育赛事中心、活跃的大众体育乐园、经典的体育文化地标。

上海体育场站总平面图

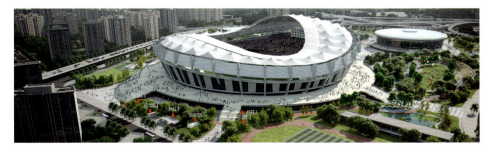

上海体育场站鸟瞰图

设计亮点

上海体育场站在建筑造型上从"投影—对话—消隐"三个策略进行诠释，让历史投影于现在，让现在与历史对话，让现在局部消隐来致敬历史的经典。

彰显文化，"投影"展现历史记忆

站点曲面造型提取于上海体育场最具识别性的屋顶轮廓投影线，让市民心中的"八万人"在站点出入口得以投影再现。

整合联动，"对话"协同区域建筑形态

上海体育场站出入口与冷却塔、各风井整合成水平舒展的屋顶轮廓线，以统一的沿街空间天际线，形成与上海体育场主体建筑的对话关系。

提升美感，"消隐"融入周边景观

徐家汇体育公园外部沿天钥桥路采用密植的乔木创造体育公园与街道的空间层次，并将零星风亭组等构筑物消隐在绿植中，用统一的绿色基调烘托出上海体育场这一经典建筑。体育公园内部的地铁出入口与应急疏散口则消隐在体育场大扶梯下方，在满足最快疏散的同时也保证原有体育场外形的完整性。

大台阶下4号出入口效果图

出入口效果图

上海体育场 2 层大平台看地铁站 3 号口及景观绿地

天钥桥路人视效果图

龙启路站

景观建筑设计单位： 华建集团上海建筑设计研究院有限公司

龙启路站位于徐汇滨江发展主轴与龙耀路功能辐射轴的交汇处，龙吴路与龙启路交叉口，紧邻国家级实验室与地区及医疗中心，服务周边漕河泾社区、龙华社区居住片区，以及徐汇滨江现代服务业集聚区。该站点为地下站，出地面设施建筑面积为 2952 平方米。

设计理念

龙启站设计融合国家级人工智能实验室之芯片链、区域级医疗中心之基因链，提出"智慧双生链"的设计理念，用双链并行作为母题，在建筑、景观、构筑物多维贯穿强化，让市民移步异景的同时，体验生命科学与人工智能共融共生的场所感。

设计亮点

整合联动，有机融合各项要素： 该站点总体设计通过"智慧双生链"原型有机融合出入口、风亭组等设施，将其整合在景观组团中，打破以往地铁站单一的交通功能，以口袋公园的景观形式，提供给市民通勤、社交、休憩、游玩的公共空间。

社区关怀，提供多样服务设施： "美好生活盒子"结合轨交站出入口背面的檐下空间进行设置，造型上通过双生链元素将出入口、盒子结构、休憩座椅整体包裹，一气呵成，达到筑型与构型的完美统一。

3 号出入口效果图

美好生活盒子

上海植物园站

景观建筑设计单位： 亘建筑事务所、同济大学建筑设计研究院（集团）有限公司

　　植物园站位于位于徐汇区龙吴路，站点西侧紧邻上海植物园，东侧为规划中的公共绿地。周边为地区中心绿地、文化、办公等设施。该站点为地下站，出地面设施建筑面积为 3340 平方米。

设计理念

　　车站设计以"从公园上下班"的体验为概念。地铁出入口内部采用多角度顶面镜面反射出周围五彩斑斓的花，使人在乘坐出站电梯时便可仰头看到漫天团团簇簇，有一种置身花的通道的感觉；外部结合植物园的周边环境，用花朵和植物将地铁出入口环绕包围。整个出站的过程变成了从花海中穿行而过的体验。

设计亮点

　　社区关怀，通过性空间到街角花园： 有机的图底关系模拟植物碰撞生长的状态，将花园绿地、便民设施、小尺度广场散入地铁出站口及周边广场空间，再定义城市通过性场所，塑造"从花园上下班"的体验。

　　整合联动，微小单元与有机整体： 站点设施单元体量依附于不同尺度和特征的城市空间，有机串连复合形成连续空间，延续不断地激活自然、人、都市多尺度连结的可能性。

　　彰显文化，公共生活促城市共有： 改善城市公共性的目标未免过于宏大，但从上下班这一共有且高频的行为去介入尝试，或许会给居住者带来不一样的感觉，从而对城市产生不同的情感。

设计概念示意图

鸟瞰图

出入口效果图

设计效果图

龙瑞路站

景观建筑设计单位： 华建集团上海建筑设计研究院有限公司

龙瑞路站位于徐汇区高质量滨江发展带、南部战略拓展区，地处龙吴路与罗秀路交叉口北侧，位于徐汇南部长桥社区。该站毗邻滨江一线公共空间，是整条地铁23号线与黄浦江的最近点，距黄浦江步行距离300米，主要服务于周边长桥社区及周边新建居住片区。该站点为地下站，出地面设施建筑面积为4436平方米。

设计理念

该站点结合黄浦江这一资源禀赋，提取浦江船锚作为设计原型，取名"锚固"，把锚之意向运用在建筑与构筑物的外形上，突显浦江之场所精神，印刻浦江发展之初心，传承浦江城市艺术之活力。

设计亮点

提升美感，打造城市客厅艺术品： 车站总体设计以城市家具的整体意向融入徐汇滨江这个城市客厅的大环境中。出入口设计以锚为切入点，采用月白色清水混凝土浇筑成一座座城市客厅中的雕塑，以交通艺术品的新理念把艺术融入出入口的交通功能中；风亭组等设备以活力赤金城市座椅的主题融入极限主题，公园与街道口袋公园中，让交通设施在滨江腹地隐中带显地展示给市民。

3号出入口组团效果图

1号出入口效果图

徐浦大桥站

景观建筑设计单位: 华建集团上海建筑设计研究院有限公司

徐浦大桥站位于徐汇区高质量滨江发展带、龙吴路与华发路交叉口东侧。东临工业遗存风貌街坊第六粮食仓库,服务华泾社区及周边居住片区。该站点为地下站,出地面设施面积为 2936 平方米。

设计理念

该站点东侧滨江为工业遗存风貌街坊,即现状保留的第六粮食仓库。设计传承上粮六库工业遗存场所精神、融入西岸热力场,以立筒粮仓为母题,拓扑形成筒拱原型并序列构型,让游客与市民感受上粮六库城市空间特性的同时,体验都市运动、文创产业、休闲生活的热力。

设计亮点

彰显文化,传承历史文脉: 车站设计以上粮六库的立筒粮仓作为意向原型,极富特色的突显交通艺术品的新理念。以月白色混凝土立筒序列彰显建筑的雕塑感,结合小麦色景观规划和谐地融入工业遗存风貌之中。设计充分借用光影交织,以交通艺术品的文化气质给市民增添艺术公共空间打卡地。

设计概念示意图

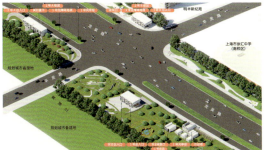

出地面设施布局图

徐浦大桥站无障碍出入口人视图

1 号出入口人视图

华泾路站

景观建筑设计单位： 上海冶是建筑设计有限公司、同济大学建筑设计研究院（集团）有限公司

华泾路站位于徐汇区龙吴路、华泾路交界处，3 个出入口及其他附属设施均分布于龙吴路两侧的道路绿化带中。北侧毗邻外环环城公园带，绿色生态资源丰富，西靠龙湖华泾天街，东侧和南侧以住宅区为主，东南向距黄浦江滨江仅约 800 米。该站点为地下站，出地面设施建筑面积为 1170 平方米。

设计理念

该站点设计中，"树干"与"树枝"组成基本结构单元，单元与单元之间以"树枝"相连，随着地面设施的大小高低组合变化，并与周边自然之树共同成林。从周边商场或是住宅楼高处俯瞰，这些构筑物与景观绿化互相掩映。立面使用通透的玻璃幕墙作为围护材料，室内以树形构件为装饰，在人视角度进一步突出树形结构单元和树枝构件。夜晚，"树枝"间的灯光将出入口整体照亮，为市民引导方向。

设计亮点

整合联动，塑造融入景观的活力公共空间： 对站点周边环境进行整体设计，呼应景观。在每个入口空间布局新的公共广场，构筑物与绿化中的树木、步道相得益彰，创造富有节奏感、韵律感的空间体验。华泾路站如同公园中的一个个景观亭，作为城市中便利的公共交通点位，还能够吸引周边居民，成为人们乐意日常停留和往返的场所。

华泾路站 3 号口鸟瞰图

华泾路站室内效果图

华泾路站街景效果图

景联路站

景观建筑设计单位：华建集团上海建筑设计研究院有限公司

景联路站位于徐汇区滨江西岸生命蓝湾，龙吴路与景联路交叉口西侧。处于徐汇南部以转型发展、打造生命健康产业发展集群为目标的徐汇滨江生命蓝湾产业板块，服务于华泾社区及周边创新功能集聚区。该站点为地下站，出地面设施建筑面积为 4050 平方米。

设计理念

该站点以西岸生命蓝湾这一生命健康产业集群作为设计理念切入点，以"平衡"作为设计主题，用空间平衡诠释健康平衡、生命平衡、生活平衡。

设计亮点

社区关怀，融入服务设施和交往空间： 该站点总体设计以"平衡"理念聚焦交通空间的社区公共性。通过"美好生活盒子"、疏散口广场景观、漫步道等公共空间的融合，为周边社区与工作者提供更优质的地铁出行享受。同时以新型的交通公共空间作为社区生活的催化剂，为社区交往提供更丰富的场所空间。

设计效果图

2A 出入口和无障碍电梯效果图

3 号出入口效果图

美好生活盒子效果图

澄江路站

景观建筑设计单位：华建集团华东建筑设计研究院有限公司

澄江路站位于澄江路龙吴路交叉口南侧及龙吴路西侧地块内。周边为战略留白区，近期服务先行启动的车辆基地上盖及复合TOD商住社区，远期服务留白区产业、文体功能。该站为地下站，出地面设施面积为1295平方米。

设计理念

设计选取具有速度感的平行四边形为母题，通过对该形态母题的重复叠加，强化形体动态感、速度感，利用线条的流动勾勒出形态和空间边界，使设施具有与周边建筑匹配的流动感与形态语言，从而表达该站作为创新转型段先行启动点的大好发展态势，同时暗合车辆基地和未来文体设施的功能特质。

设计亮点

彰显文化，简洁动势未来质感：通过倾斜Z形、L形母题的组合运用，强化速度感与动势，呼应车辆基地特质；选用金属材质和流动的扭板、灯带等元素，塑造设施未来感、科技感。

社区关怀，设施整合开放友好：将设施组群作为景观整体考虑设计，在满足相关设施技术规范要求的前提下，形体观感统合化，空间处理精细化，将更多空间还给城市，让设施不再封闭消极，形成与城市、与人们互动、开放友好的城市小品组群。

整合联动，景观联接顺畅可达：以有机过渡的方式处理场地高差，将设施与道路、地块、滨河空间顺畅联接，打造舒适便捷的街角公园，整合激活场地资源活力，形成多层次可游憩的城市景观。

1号出入口设计效果图

总平面图

1号出入口设计效果图

墨江路站

景观建筑设计单位： 华建集团华东建筑设计研究院有限公司

墨江路站位于闵行区龙吴路与墨江路交叉口南侧。周边为吴泾战略留白区，在中部宜居生活区与南部科技创新核心区交界位置，近期主要服务现状工业，远期服务预留区发展片区。该站点为地下站，出地面设施面积为 990 平方米。

设计理念

该站点设计以"伞"为意向，利用金属、穿孔网板等工业材料构成数只飞伞，降落于浦江之岸。单元式的形态同时统筹地铁出站口、安全出口、出地面风井，将风亭组融入周边环境，创造尺度宜人、可休闲停留的城市绿地空间，彰显滨江生态的同时，保留了工业遗存的风貌特征。

设计亮点

彰显文化，创新性传承工业遗存风貌： 墨江路站地处吴泾片区，建筑在材料的使用上保留了该区域工业遗存的风貌特征，为该区域从工业区到战略留白区、再到未来大型综合性场馆选址建设区域的转型提升美感。车站以飞伞为设计母题，规则而富有变化的排布使建筑的形态语言简洁，具有雕塑感。选取金属、网板等工业建筑材料，辅以纯净的玻璃及灯带，强调建筑的线条感，形似一只只飞伞，落于浦江之岸。

整合联动，因地制宜融入城市空间： 建筑满足城市轨交空间支撑的同时，作为江岸开放空间的延伸，"飞伞"为江岸提供遮蔽之处，建筑景观化的处理使公共空间可用、可观、可感。设计将出入口、消防出口、风亭组等设备统筹考虑，挖掘统一建筑母题在不同尺度上的变化，充分与周围景观整合，使其发挥基本功能的同时为公共活动提供支持。

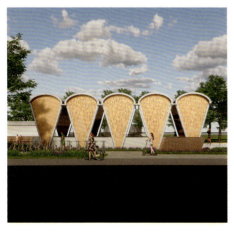

立面效果图

墨江路站出地面设施设计效果图

吴泾北站

景观建筑设计单位：华建集团华东建筑设计研究院有限公司

吴泾北站位于闵行区龙吴路与俞塘交叉口南侧。该站点所在区域为闵行南部潜在发力点、吴泾转型发展特色片区，周边为战略留白区，近期服务现状工业，远期服务预留区发展片区，并与北侧俞塘生态空间相呼应。该站点为地下站，出地面设施面积为 980 平方米。

设计理念

该站点以钻石折射为设计理念，建筑形体的削切、景观布置模拟光通过钻石的折射现象进行设计；寓意着吴泾转型发展区是一颗具有深厚工业基础的宝石，正蓄势待发，闪耀在黄浦江畔。

设计亮点

提升美感，塑造城市雕塑：车站在各个面向展现出丰富的建筑表情，随着人们的走动步移景异。立面渐变穿孔的材质运用既呼应光芒闪耀的设计概念，又提升了城市环境的精致感。雕塑感的、与环境协调的站点形象，不管近期还是远期，都将成为区域的亮点。

设计概念示意图　　　　　　　　总平面图

出入口立面图　　　　　　　　吴泾北站 1 号出入口设计效果图

东川路站

景观建筑设计单位：上海重峰建筑设计咨询有限公司、同济大学建筑与城市规划学院

东川路站位于闵行区东川路—沪闵路交叉口东侧，可与轨道交通 5 号线换乘。站点地块周边以居住功能为主，也有商业、办公、研发等功能，东侧为上海交通大学、华东师范大学、紫竹高新区等顶级教育科研机构。该站点为地下站，出地面设施面积为 1900 平方米。

设计理念

设计提出"城市灯笼"概念。在原本平整的屋面上，设计增加了微微隆起的坡屋顶，将"城市灯笼"的概念延续至空中视角，赋予其纵向延伸的趋势，从而在视觉上将地面交通与空中交通串联在一起，强化其视觉中心的地位。拔地而起的发光立面，在夜晚化身为穿行车流中的"灯塔"，指引着每一个回家人的路。

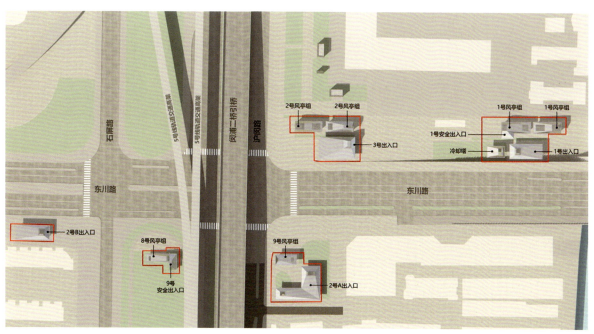

东川路站总平面图

设计概念示意图

1 号出入口设计效果图

设计亮点

提升美感，空间活化塑造生活枢纽：立面材料设计采用光学玻璃，其围合出的室内空间，半透明质感带来微妙的公共性，使得便民服务空间的置入成为可能。围绕着主要的四个出入口，形成小型的街边公园，遥相呼应，地铁站完成空间身份的华丽转变，带来除交通便利外，更为"包罗万象"的城市生活价值。

改善邻避，化整为零形成精神地标：东川路站所处位置特殊，紧邻闵浦一桥引桥及 5 号线高架，形成复杂的、立体的城市环境。以 9 号安全出口所处的城市广场北侧是众多交通要道交错形成的街心广场，南侧背靠闵行绿道景观林，是整个地铁建筑群的视觉中心。因此地铁站的"第五立面"对城市空间的塑造具有重大意义，设计采用几何形状简明的屋顶，整合建筑体量比较集中的区域，使原本在平面上支离破碎的空间转化为完整的檐下灰空间，为各类户外休闲活动提供适宜的场所，并有效形成一簇一簇的建筑组团。

设计效果图

设计效果图

沪金高速站

景观建筑设计单位：上海致正建筑设计有限公司

沪金高速站位于闵行南部的科技创新核心，东川路、沪金高速 (S4) 交叉口东侧。站点处于紫竹科技金融中心与零号湾创新孵化中心的中间地带，西侧为于紫竹产业社区，南侧为产业研发和工业地块，北侧毗邻交通大学闵行校区，所在区域文化底蕴深厚、人才聚集、创新产业汇聚，是科研基地和高校的门户景观节点。该站点为地下站，出地面设施面积为 2880 平方米。

设计理念

为彰显整个片区的文教特征，沪金高速路站以"智慧书卷"作为设计概念。以翻卷的书页为原型，站体设计为两片交叠的书页；同时，将包括风井、冷却塔、安全出口等配套设施转变为景观小品，提升整个站点地块的环境感受。另外，美好生活盒子和景观休闲广场结合站体一并设计，提供文化氛围浓厚的休闲场所。

设计亮点

彰显文化，创新性展现时代风貌：在形体关系上，运用简洁现代的方式，存在交叠但不繁琐，彰显时代特质和风貌。在风井、冷却塔、安全出口等附属设施的设计上，也延续卷曲书页的造型，建立空间景观的关联，加深整体的氛围感和故事感。同时，延伸站体体量自然围合出半开放灰空间，分别设置便民书吧和文化驿站作为该站的"美好生活盒子"。

4 号出入口整体鸟瞰图

4 号出入口美好生活盒子人视图

沪金高速路站 1 号出入口人视图

2 号安全出入口

4.3 强基赋能的希望快线

4.3.1 地铁 13 号线西延伸线

建设单位：上海申通地铁建设集团有限公司
总体策划设计单位：上海市上规院城市规划设计有限公司
总体工程设计单位：上海市隧道工程轨道交通设计研究院

虹桥前翼聚能环，国际窗口展示线

地铁 13 号线西延伸段线路全长约 9.6 公里，均为地下站。北端始于已建 13 号线金运路站，南端终于国家会展中心，沿金沙江西路—纪宏路—联友路—金丰路—诸光路布线。地铁 13 号线西延伸段线设 5 座站点，分别为纪翟路站—芳乐路站—季乐路站—运乐路站—诸光路站。线路涉及闵行区（4 站）和青浦区（1 站），经过嘉定区江桥镇、闵行区华漕镇和青浦区徐泾镇。

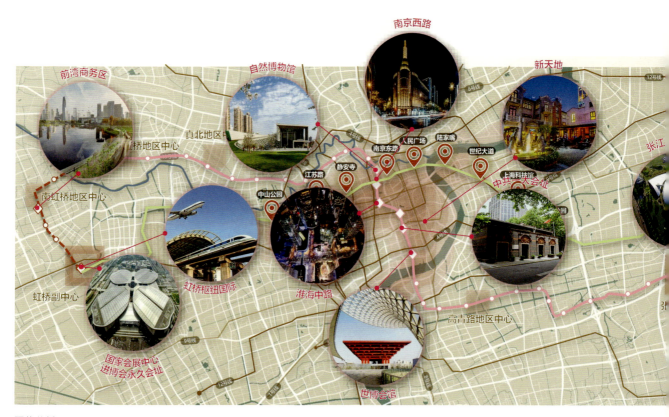

区位分析

规划定位

战略干线：联动东西通道，加强科创走廊

地铁 13 号线西延伸段进一步强化虹桥综合交通枢纽核心功能，打开全球高端要素配置新通道，向东衔接 13 号线、2 号线深入全球城市的核心，向西衔接 17 号线及示范区线，联动长三角广阔腹地，有助于发挥上海东西发展轴上数字信息产业集聚优势，促进创新功能集聚。

功能金轴：强化国际定位，展现城市品牌

地铁 13 号线全线串联国家会展中心、南京西路、中共一大会址、张江高科技园区等重要城市功能板块，展现"大会展 + 名商圈 + 红文化 + 强科创"的城市品牌。

集疏主脉：支撑虹桥枢纽，满足瞬时集散

地铁 13 号线西延伸段串联包括虹桥主城副中心、北虹桥地区中心、南虹桥地区中心在内的"1 副 2 地区"中心体系，为面向国际化公共服务功能和高端服务经济布局发展提供有力支撑，分担现有轨交线路运营压力。

站点		纪翟路站	芳乐路站	季乐路站	运乐路站	诸光路站
地区级别		地区中心	地区中心	社区中心	社区中心	副中心
站点类型		地下站	地下站	地下站	地下站	地下站
风貌分级		特色站	特色站	常规站	常规站	特色站
换乘线路		--	示范区线	--	--	17 号线 2 号线
周边功能		国际新文创 电竞中心 生态社区	总部研发 国际社区 滨湖公共服务	国际医疗研发	高端国际社区	国际会展 平台贸易
色彩	主题色	蓝灰	蓝灰	米棕	米棕	银蓝
	基调色	米棕	米棕	米白	米白	银白
美好生活盒子	等级	A	A	A	--	A

站点分析

风貌导引

三大风貌主题分段：前湾总部段、产城融合段、国际客厅段

"前湾总部段"体现五分水景五分城的意境，紧密结合规划中的电竞产业，营造新锐时尚的氛围；"产城融合段"着力打造集约高效的创新高地，营造近悦远来的宜居氛围，体现海派风貌；"国际客厅段"彰显共享开放思想，强化国际定位，主题上体现开放共享、万商云集的国际风范。

分段色彩指引

"前湾总部段"强调新锐时尚的气质，以蓝灰为主题色、米棕为基调色；"产城融合段"以米棕主题色、米白为基调色，整体突出环境品质感；"国际客厅段"整体强调国际时尚气质，以银蓝为主题色、银白为主基调色。

主题分段示意图

沿线配套设施分布图

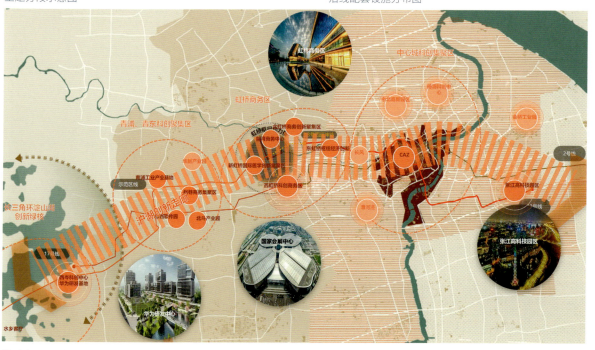

联动东西通道，加强科创走廊

纪翟路站

景观建筑设计单位：华建集团华东建筑设计研究院有限公司

纪翟路站位于闵行区纪翟路与纪宏路交叉口，紧邻红卫河与马拉松环线赛道。站点周边以生态社区、电竞文创功能为主，作为市区进入前湾第一站，打造前湾地区标识与第一印象展示门户，服务国际高端人群与电竞新锐人群。该站点出地面设施建筑面积约 1812 平方米。

设计理念

该站点以"电竞 · 幻境 + 马拉松 · 激情"为设计概念。车站紧邻国际新文创电竞中心与马拉松环线赛道，以电竞幻境与马拉松激情的柔性与延展性作为构思理念，通过柔中带刚的未来感设计思路，打造集现代感与舒适感为一体的地铁出地面设施。

设计亮点

时代文化，彰显时代新风貌：车站突显马拉松文化，一方面引入城市休憩台地，在出入口打造城市公共广场，设定适宜停留的舒适空间，并以充满电竞科幻、未来感的柔和灵动曲线屋顶为载体，结合风井周边梯田式的绿色马拉松赛事看台。在滨水出入口也设置亲水平台，使建筑体量与城市景观充分融合。另一方面在每个出入口布局"美好生活盒子"，提供各类便民服务。

总平面图

鸟瞰图

效果图

诸光路站

景观建筑设计单位：华建集团华东建筑设计研究院有限公司

　　诸光路站位于闵行区虹桥主城副中心的核心区域，崧泽大道与诸光路交叉口南侧，沿诸光路南北向布置。站点出地面设施建筑面积约598平方米，分别与17号线、2号线三线换乘，以疏解国家会展中心在举办大型会展期间的瞬时高峰客流。周边主要为商务办公、会展服务等功能地块。

设计理念

　　该站点以"水·叶·花"为设计概念。出入口整体设计理念呼应国家会展中心"四叶草"造型，以拟喻的方式，将形似花瓣的出入口及流水注入景观，以各自的方式串联起来，让空间灵动生长。景观设计将出入口设施与国家会展中心以自然的方式相互呼应，营造源于自然，高于自然的仪式感。

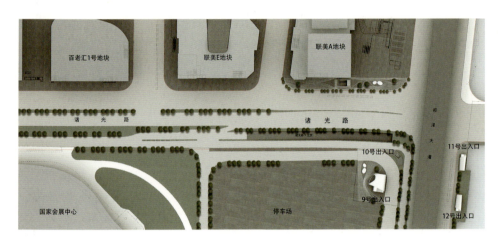

平面图

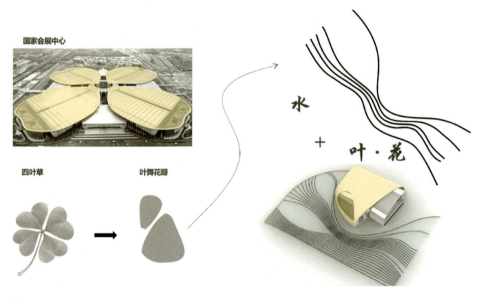

设计意向

170

设计亮点

协调共生，与周边环境协调：车站整体景观设计与"四叶草"造型协同，9 号出入口设计予以飘浮在潺潺流水上的花瓣的形态，使地铁站出地面设施与周边建筑形体协调统一，成为兼备景观融合的公共空间。同时在站点出入口设置便利店及休憩座凳等便民服务点，实现多元特质化的空间体验。

5 号口效果图

鸟瞰图

4.3.2 地铁 18 号线二期

建设单位：上海申通地铁建设集团有限公司
总体策划设计单位：上海市上规院城市规划设计有限公司
总体工程设计单位：上海市隧道工程轨道交通设计研究院

主城区北翼转型干线，蕰藻浜南岸创新秀带

地铁 18 号线二期位于宝山南部地区，主城区范围内，全长 8 公里，东起一期工程长江南路站，西至大康路站，并预留向大场机场延伸条件。全线设车站 6 座，全部为地下车站，包含 2 座换乘站，分别与 1 号线、19 号线（规划）换乘。线路整体位于宝山区范围内，沿线经过淞南镇、吴淞创新城、张庙街道、庙行镇。

地铁 18 号线二期联动宝山区中心城地区的大吴淞地区、大场机场战略预留区等重点地区，助力宝山南部地区转型腾飞。

在建车站名均为暂定名
审图号：沪 S（2023）26 号

线路布局图

规划定位

上海市北转型产业发展驱动线

上海"十四五"规划提出加快构建"中心辐射、两翼齐飞、新城发力、南北转型"的空间新格局。其中"北转型"旨在打造北上海枢纽门户，加快推动吴淞地区、南大地区发展。地铁 18 号线二期联动宝山区中心城地区的大吴淞地区、大场机场战略预留区等重点地区，未来与五角场副中心、高校集聚区、龙阳路枢纽等地区联动发展，进一步助力宝山南部地区转型腾飞。

宝山南片区创新纽带和门户线

宝山区总规明确南片区以吴淞不锈钢地区为主要抓手，完善轨交支撑，提升空间品质。沿蕴藻浜积极推进产业转型、城区融合发展，打造以商务办公、文体休闲、科技研发为特色的蕴藻浜滨江发展带。18 号线二期沿蕴藻浜布局，促进宝山南片区发展转型，塑造面向中心城的崭新门户。

蕴藻浜滨江生态智创走廊

地铁 18 号线二期沿线依托吴淞楔形绿地、蕴藻浜滨水绿地等生态空间，形成区域生态绿带，结合既有产业用地转型升级，融合科创、艺术、生活体验功能，构建东西滨江智创走廊。

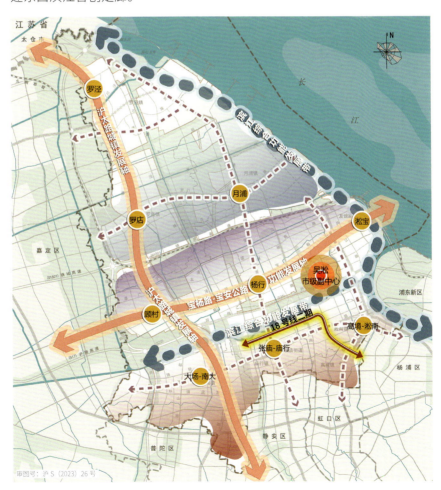

审图号：沪 S（2023）26 号

宝山区空间结构规划图

风貌导引

总体风貌：钢铁底蕴，创新精神，艺术美感，未来风尚

地铁 18 号线二期沿线整体呈现钢城转型，破土新生的愿景，布局若干彰显钢铁底蕴、艺术美感和活力氛围的地铁站。

两大风貌主题分段

滨江创智段主要沿蕴藻浜南岸分布，与单元规划布局的"东西滨江智创走廊"相契合；钢城新生段串联吴淞创新城"两创集聚区"和淞南地区居住片区。

主题色彩：棕黄底蕴，蓝绿新生

线路以棕黄为主题，与 18 号线既有识别色"棕黄色"保持一致。棕黄色系的设施建筑本体，合理增加暖黄色系，削弱棕色沉闷感。结合蓝绿色系的环境景观配置，如植被、草皮、水景等，寓意转型新生。

站点		通南路站	长江西路站	江杨南路站	爱辉路站	呼兰路站	大康路站
地区级别		近地区中心	地区中心	创新城区	社区中心	地区中心	—
站点类型		地下站	地下站	地下站	地下站	地下站	地下站
风貌分级		常规站	常规站	特色站	常规站	特色站	常规站
换乘线路		—	—	19 号线（规划）	—	1 号线	—
周边功能		居住 商业	居住 商业	科创 生态 公共服务	居住 生态	办公 生态	居住 商业 商办 生态
色彩	主题色	橙色	白色	白色	青绿	白色	深灰色
	基调色	棕黄	棕黄	金属灰	棕黄	棕黄	棕黄
美好生活盒子	等级	A	A	A	A	C	A

站点一览

风貌分段示意图

呼兰路站

景观建筑设计单位： 上海重峰建筑设计咨询有限公司、同济大学建筑设计研究院（集团）有限公司

呼兰路站位于宝山区共和新路呼兰路交叉口，上海市中心北侧，外环以内，可与轨道交通 1 号线换乘。周边以办公园区为主。该站点为地下站，设地面出入口 4 处，出地面设施总建筑面积 3009 平方米。

设计理念

呼兰路站采取悬链线屋顶，优雅展翅。该站点是宝山区的一颗璀璨明珠，连接着许多曾经的大型工厂、创新型园区及高校校园，是宝山的历史记忆与未来憧憬的缩影。站点建筑采用纤细钢柱支撑的连续悬链线形态屋顶，如同波浪一般，优雅地漂浮在广场上方，其灵动、优雅的形态好似要腾空而起。

设计亮点

提升美感，传承工业记忆： 立面材料采用最为朴素的砖砌墙体以表达对工业历史的延续与传承，砖块以参数化的方式精细砌筑，成为富有韵律感的抽象图案。站前空间以连续柱廊空间为主，形成富有韵律的砖墙抽象图案，加强乘客的感官体验和对地铁站的形象记忆。站点立面三段式构图，通过合理控制外墙面及整个建筑的高度，及与屋顶曲线韵律一致的窗洞口设置，每个建筑单体都获得典雅、沉稳的外部形象。

社区关怀，注重人本尺度： 充分考虑座椅、标识等城市家具与建筑物的虚实关系，营造类型多元的小型停驻空间，并对站点周边环境进行整体设计，成为人们愿意日常停留和往返的公共空间。

整合联动，场所统筹设计： 站点屋顶能够很好地整合原本分散的外部空间，围绕出入口形成有机功能组团，通过精细化与复合化的设计，自然转化为城市公共座椅、大台阶、景观花坛等公共设施，进一步加强建筑体的公共服务性和檐下空间在城市场域中的中心感。

呼兰路站设计效果图

自行车停车场　　　多功能广场　　　沿街广场

2号出入口

2号消防出入口

呼兰路

1号出入口

南换乘厅

南北高架

北换乘厅

出租车停靠　　　多功能广场

呼兰路站鸟瞰图

街角公园　　　出租车上车点　　　街角公园

3号口

2号口

1号口

自行车停放　　　自行车停放　　　自行车停放

爱辉路站出地面设施布局图

爱辉路站

景观建筑设计单位: 原吉建筑规划设计(上海)有限公司、同济大学建筑设计研究院(集团)有限公司

爱辉路站位于宝山区蕰藻浜南侧,吴淞创新城西侧的生活社区内,爱辉路与呼兰路交叉口东侧,沿呼兰路东西向布置。站点周边以居住功能为主,结合车站配套有小型社区商业空间,西侧毗邻高压走廊防护绿带公园。该站点为地下站,出地面设施建筑面积为 760 平方米。

设计理念

该站点以"水波涌动、微波流光"为主题。河流是宝山发展的灵魂,蕰藻浜承载起吴淞转型地区发展的重要引擎。方案通过抽取水波设计语言,巧妙地将高风井的突兀体量进行柔和过渡,形成缓缓流淌的视觉动效,形态与周边城市环境充分融合,以柔性建筑语言将高耸的风井建筑与出入口结合,突出中国工业记忆与现代幸福的生活场景。

设计亮点

整合联动,体现自然融合: 站点通过带状造型,建筑高度随组合进行变化,强调出入口与高风井视觉效果的统一协调,从周边商业、住宅高处俯瞰,站点构筑物屋面与绿化景观相互掩映,通过曲折连续的步行路径衔接,形成组合变化的景观。

提升美感,注重细节打造: 通过巧妙地过渡高风井的体量,强调视觉效果的统一协调,通过曲折连续的步行路径衔接,形成组合变化的艺术景观。设计提取"绣带"意向,在立面上运用暖色调质朴的陶棍构件,从细节上进一步突出具有编织感的动态与结构韵律,打造亲切宜人、自然朴素的生态感构筑物,塑造亲切宜人、自然朴素的生态街区。

1 号口鸟瞰 - 爱辉路站设计效果图

1 号口人视 - 爱辉路站设计效果图

江杨南路站

景观建筑设计单位：原吉建筑规划设计（上海）有限公司、同济大学建筑设计研究院（集团）有限公司

江杨南路站位于宝山区蕴藻浜南侧，江杨南路与呼兰路交叉口东侧，沿呼兰路东西向布局，可与规划 19 号线换乘。站点在吴淞创新城南部两创产业集聚区、吴淞工业区风貌保护街坊范围内，周边规划以科创服务、居住功能为主，服务宝山吴淞地区与大场战略留白区等传统产业片区转型发展。该站点为地下站，出地面设施建筑面积为 1026 平方米。

设计理念

项目设计理念为"工业蝶变"。站点片区作为后工业景观文化创意片区，在充分利用工业遗址基础上，围绕上大美院、商办 TOD 形成集聚区，并塑造作为宝钢工业风貌区的最美站点。方案将工业建筑中的厚重钢材，设计成视觉上轻柔与灵巧的体量，寓意工业区的破茧重生，恰似蝴蝶震动翅膀一般。远处看，车站建筑物神秘引人入胜；走到面前，广场变成舞台和穿梭人影共同演绎生活剧目。

设计亮点

提升美感，塑造灵巧化蝶造型：站点通过抽象化蝴蝶翅膀造型，展现轻柔与灵巧的体量，通过玻璃墙面弱化钢结构的厚重感，与周边绿化景观相融合，营造精致与细腻的工艺美感。弱化基础设施本身带来的笨重、粗糙和距离感，在微观尺度上提供更加舒适宜人的街边城市公共空间。

场所统筹，协调景观提供休憩：设计对周边空间进行整体改造，与现有生态环境相结合，打造可游可赏的街角绿地，为居民日常停留和休憩提供新的城市空间。

社区关怀，细节打造便民安全：出站口侧面采用防腐木座椅、玻璃栏板与背衬金属扶手，减少人群磕碰、跌转的风险，同时与无障碍电梯、无障碍坡道自然衔接，便于各年龄人群便捷、安全进入站厅。

江杨南路站 4 号出入口设计效果图

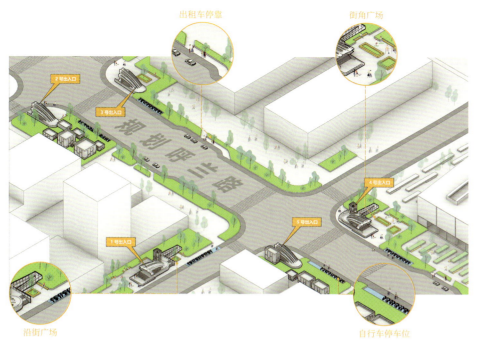

江杨南路出地面设施布局图

江杨南路站设计概念示意图

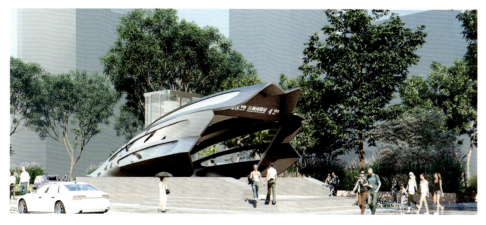

江杨南路站 4 号口设计效果图

长江西路站

景观建筑设计单位：来建筑设计工作室、同济大学建筑设计研究院（集团）有限公司

长江西路站位于宝山区长江南路南泗塘交叉口南侧，属于地区"三心"中的高境 · 淞南公共活动核心。周边地区以"专业服务＋综合服务"为导向，规划增加高品质、高等级的大型公共服务设施。该站点为地下站，出地面设施建筑面积1110平方米。

设计理念

车站造型设计提取周边工业厂房拱形元素，重复组合后形成建筑形体的主要元素。同时考虑到周边有多家科技公司，提取电路折线与斜线，作为后工业时代科技的象征之一，以金属和红砖等材料回应工业的元素。设计将虚影和拱券的形式进行结合，营造出具有趣味的空间体验和建筑造型，配合通透的大玻璃面，让视野更为广阔。檐下空间设置不同形式的休憩设施，多种功能交替布置，方便不同需求的功能。

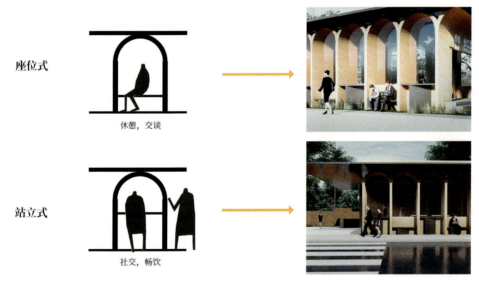

设计概念示意图

设计效果图

设计亮点

整合联动，综合考虑景观与服务： 站点对屋顶空间进行整体设计，充分融入街角环境，依托站点顶层设置可互动、可观赏的绿化平台。檐下空间设置座位式和站立式，多种功能交替布置方便不同需求的功能，打造各类人群、不同社交与休憩形式的友好型空间。其中 4 号出入口配合规划道路上的口袋公园与景观绿地，共同形成丰富的公共空间，也为置入"美好生活盒子"等提供空间。

提升美感，重复元素体现精致美学： 通南路站与长江西路站相同系列，采用拱形元素重复组合后形成建筑形体，配合通透的大玻璃面，让视野更为广阔，檐下空间打造居民日常停留和休憩的城市街边空间，提供更舒适的体验和居民便利度，体现现代都市文化的精致美学。

鸟瞰效果图

设计效果图

设计效果图

地铁 18 号线 呼兰路站街景效果图

地铁 13 号线西延伸线 纪翟路站街景效果图

地铁 13 号线西延伸线 诸光路站效果图

4.4 轨交设施的魅力升级

4.4.1 市域铁路三中心

建设单位：上海申铁投资有限公司
设计单位：中铁上海院集团有限公司

市域铁路三中心是上海市域铁路调度、运营和技能培训基地工程的简称，是上海市域铁路的"核心中枢"。其中，调度中心相当于市域铁路的"大脑"，承担市域铁路网络调度指挥、通信信息交换和应急指挥中心功能；运营中心承担市域铁路网络运营办公功能；技能培训基地承担职工技能培训功能。

市域铁路三中心位于虹桥国际中央商务区新虹街道，申昆路与天山西路交叉口西北侧，西侧紧邻铁路轨道线路，北侧为预留开发地块，东侧以上海市农业科学院等科教功能为主。项目总占地面积为 2.22 公顷，总建筑面积为 72344 平方米，包括上海市域铁路调度、运营和技能培训基地，以及公安用房、食堂、车库等配套功能用房。

区位图

市域铁路三中心效果图

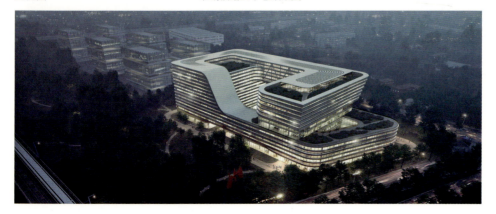

市域铁路三中心效果图

设计理念

项目以"超能云环"为设计概念,建筑在水平和垂直方向连通,打造形态完整、空间灵动的云环,在多个方向与城市对话,以整体连贯形态融合覆盖市域铁路调度指挥、运营办公、技能培训多重功能,营造"超能"概念。在环形建筑中枢开展海量数据传输处理,打造"云环"意向,高品质集中体现虹桥国际中央商务区建筑风貌。

设计亮点

地区融合,设施通过景观与空间设计融入场地

建筑外立面以通透的玻璃幕墙和水平连续的横向装饰铝板相结合,体现交通建筑特有的速度感与现代感,建筑外形在统一的肌理下富含变化,形成步移景异的动态效果,简洁明快的形象呼应了四通八达的交通主题。建筑灵动通透的形态释放出底层广场,围合出绿色庭院,塑造多层次的空中花园,让员工、学者与绿色为伴。广场通过铺地的深浅变化,营造四通八达的铁路意向。

绿色低碳,优化基地内环境

立面结合建筑遮阳,优化室内自然通风、调节百叶角度,有效遮挡西向直射光;建筑布局利用内部庭院形成微气候,引入自然风,优化基地内环境。

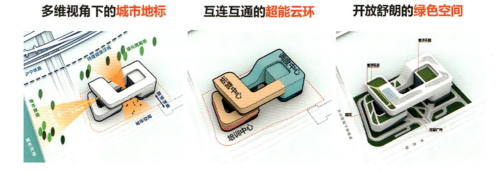

"超能云环"设计理念图

市域铁路三中心西立面效果图

4.4.2 地铁 3/4 号线宝山路站更新改造

建设单位： 上海轨道交通明珠线发展有限公司
总体工程设计单位： 中铁上海设计院集团有限公司
景观建筑设计单位： 致正建筑工作室

上海地铁 3/4 号线宝山路站，地处静安、虹口两区交界，位于宝山路与交通路口西南侧，是 3/4 号线共线段的大型换乘站，承担重要的交通枢纽功能。站点周边为上海铁路的发源地，老上海北站的基地所在。该站点为地上站。

设计理念

改造以"活力之拱"为设计概念，在尊重历史肌理与风貌的基础上，优化外部景观，旨在打造舒适宜人的城市街道空间，提供美好生活所需的必要服务，重塑百年铁路街区活力。以"拱廊"这一海派建筑特征为元素，对基本单元进行富有音韵式的组合，塑造出建筑的流动感，同时使建筑和城市街道具有宜人的尺度。以"砖"这一海派建筑最为常用的建筑材料，与"铝板"这一现代建筑重要材料结合，使建筑在融入周围石库门建筑群的同时又充满现代感。

宝山路现状图 © 张滢心

宝山路站效果图

设计亮点

提升美感，彰显文化

拱形柱廊是海派文化的符号记忆，体现了上海的城市文脉。方案用连续的拱廊创造一个遮风避雨的空间，使城市街道的步行体验更加人性化，丰富了市民的出行体验，使车站成为一个有颜值、能小憩、观赏与服务兼备的休闲空间。

社区关怀，植入功能

主入口位于宝山路与交通路转角，设计利用现有场地规划一处共享单车停车区，释放转角空间，提升入口的餐饮和商业品质，打造温馨的生活街角。车站面向交通路一侧，在 2 号入口和 3 号入口之间区域设置的"美好生活盒子"，可单独对外连通，在车站运营和非运营期间对外提供自动售货机、直饮水点、便民服务点、公共卫生服务等基础供给、应急保障等服务，实现多元特质化的空间体验，实施全生命周期的运营机制，推动城市空间融合、结构优化、品质提升。

宝山路站效果图

宝山路站效果图

第5章
通衢如画 桥落彩虹

本章为交通运输系统中道路交通的实践项目，具有城市对外交通和城市内部交通两大功能。

城市道路交通工程分为公路和城区道路，具体包含道路、高架、桥梁和隧道等项目。

5.1 活力四溢的焕新街道

5.1.1 平陆路

建设单位： 上海苏河湾（集团）有限公司
工程设计单位： 上海市市政规划设计研究院有限公司
景观建筑设计单位： 上海意格环境设计有限公司

平陆路（永和路—汶水路）道路新建工程位于静安区灵石社区，地处中环两翼产城融合发展集聚带。新建路段为城市支路，南起平陆路、永和路交叉口，北至平陆路、汶水路交叉口，路线全长约 400 米，设计车速 30 公里 / 小时，道路红线 24 米，靠近汶水路交叉口红线拓宽至 30 米。

设计理念

平陆路新建工程规划设计贯彻《上海公园城市规划建设导则》中"以人民需求为核心，全域融合"的指引方针，以及《上海市街道设计导则》中由"主要重视机动车交通"向"全面关注人的流通和生活方式"转变。

设计方案打破常规市政道路的设计模式，提出"从以车为本转变为以人为本、结合自然"的设计理念，采用人车分隔、曲率化人行道等人性化设计，融合道路两侧公共绿地空间，共同打造全龄友好的多元化功能空间，引入无障碍坡道结合微地形的自然体验，提升绿量并设置生态雨水花园，使园区、街区、绿地空间生态互融，激活产业街坊活力，打造绿色开放的"+ 公园"街区。

区位图

鸟瞰图

设计亮点

整合联动，打破固有道路模式，打造以人为本的街区体验

设计打破了车行主导的三板式城市道路模式，通过曲率化人行道、生态绿化隔离、微坡地形与无障碍坡道将市政人行道转变为融合自然的公园街区。曲率化的人行道为增加非机动车道与人行道之间的绿化隔离带、结合绿地微坡地形提供充足的空间。弯曲的人行道配合随地形起伏的绿地无障碍坡道，在体验上增加安全性与趣味性，打造融入绿地、以人为本的公园化氛围，使不同人群公平享有便捷同行的权利。

社区关怀，构建面向全龄的多元互融空间

街边绿地打破了周边用地的围墙边界，结合用地业态增加面向全龄的多样活动空间，促进园区、社区、绿地空间的多元融合。通过连续的微坡地形与曲率化道路，设计统筹考虑街角绿地、公共绿地、园区空间，设置分龄儿童活动区、商业外摆区、青年活动区、休闲停留区等服务社区的全龄化活动内容。新的街区兼顾提升丰富绿量的与增加多元参与性，利用多元功能空间打造公共开放的空间属性，吸引人流，激活片区。

彰显文化，保留历史要素，彰显北静安文化内涵

街区绿地保留了富有历史风貌的塔吊，更新为参与性公共设施。以锈蚀钢板等材料为核心材料，以海派工业为主要风格，结合静安城市街区统一的景观标准对城市家具、构筑、公共艺术、标识等进行设计，达成街区的统一识别性，并布置主题化公共艺术雕塑与特色小品，营造局部节点特色，提升文化趣味性。

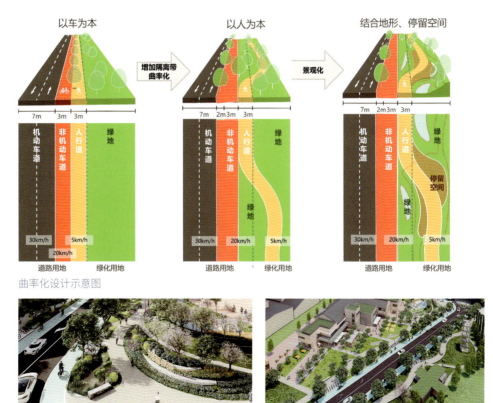

曲率化设计示意图

道路入口鸟瞰图　　　　　　　　　　活力街区效果图

5.1.2 北苏州路

建设单位： 上海苏河湾（集团）有限公司
设计单位： 上海市园林设计研究总院有限公司、上海市隧道工程轨道交通设计研究院

北苏州路（浙江北路—福建北路）邻近苏河湾一河两岸区域，新建道路全长约270米，西起北苏州路—浙江北路交叉口，东至北苏州路—福建北路交叉口，红线宽度12米，道路等级为城市支路。作为区域内部的一条东西向支路，它的建成能够提升区域内部支路路网密度，提升滨河地区交通服务品质，完善该地区交通配套设施，提升区域内部交通便利性，满足区域内部交通功能。

设计理念

北苏州路（浙江北路—福建北路）作为苏州河临河道路，秉承一河两岸世界级滨水区的建设目标，以"+公园"引导全面品质提升，推动全面功能融合、全面开放共享，响应公园城市建设"一江一河一带"高点定位，衔接与融合苏河湾绿地、苏河湾公共空间景观，提升绿量、引入自然、增强人性化设计。

公共空间地块位于两道防汛墙之间，由此形成的高差使这公共空间形成台地的景观，层叠的花坛及小径为远眺、近观及俯瞰提供了不同标高的观赏点。沿着北苏州路进入绿地，顺着小径到浙江路桥，沿途形成"记忆""繁华""焕新""展望"四个景观篇章，通过主题小品与细节的打造，通过"起、承、转、合"的序列，重现苏州河"沪上清明上河图"的意境。

道路断面图

北苏州路总体鸟瞰效果图

设计亮点

整合联动，形成视觉延续效果

北苏州路位于苏河湾绿地和公共空间之间，道路绿化景观与两侧绿地主题协调，形成视觉延续效果。行道树选择与南北两侧一致的特色品种——北美枫香，绿化连接带的布置则充分考虑了两侧绿地及建筑的出入口，确保人行流线流畅。铺装色彩与两侧设施相呼应，形成具有整体性、一体化的感观。铺装设施总体采用黑、白、灰三色，每一种颜色均经过小样及色卡比对，确认协调后再实施。

环境友好，海绵城市理念

人行道铺装依托海绵城市理念，采用透水仿石石材，定制规格铺砖尺寸，铺装网格化点缀错落有致，盲道颜色协调一致。

主题特色，突现地理文化特点

树穴采用覆盖物 + 定制格栅盖板组合，不锈钢钢板采用深灰色氟碳烤漆，两端与方钢焊牢。此树穴优点为易养护、外观整洁、具有品质感。盖板印有"SHANGHAI JINGAN SUZHOU CREEK"突现地理文化特点；铺装肌理采用同心圆与波浪线图案，呼应北侧绿地城市磁场与福建路桥下景观时代浪潮的主题，集中展现苏州河文化焕新城市的主题特征。

人行友好，市政基础设施藏叶于林

通过调整地面道路侧石半径，人行道上布设花箱、座椅等措施，将现状电力、雨污水井盖，箱杆等市政基础设施藏叶于林，优化空间整体景观，把最好的岸线资源留给老百姓，他们既是受益者和共享者，也是服务城市守护家园的参与者和设计者。

北苏州路铺装方案

公共空间入口衔接

与慎余里入口衔接的实景图 © 宋颖

与公共空间入口衔接的实景图 © 宋颖

5.1.3 浦东机场四期扩建配套道路

建设单位：上海机场（集团）有限公司
工程设计单位：上海市政工程设计研究总院（集团）有限公司
景观建筑设计单位：上海园林（集团）有限公司

该项目属于浦东国际机场四期扩建工程市政配套工程，涉及城市主干道共计 7 条，分别为机场大道（纬六路）、星锦大道（经八路）、星锦大道（经一路段）、驰宇路（南经十九路以东段）、南经十九路、南纬八路、南横二路（白龙港—两港大道辅道）；机场内部道路共计 10 条，分别为驰宇路（南经十九路以西段）、南纬七路、南经十八路、南经十七路、南经十六路、南经十五路、南经九路、南纬五路、出租车专用道、T3 航站楼停车库出场道路（S32 立交红线内）。项目道路分布北至新东货运区、途径四五跑道间地块、南至 T3 航站楼南配套区以及白龙港以东的南工作区。

设计理念

项目设计理念为"四季变换·多彩交织"，以植物的季相特征作为设计线索，用道路景观风貌的四季变换，展现浦东国际机场日新月异的发展。总体布局分为"春华""夏晖""秋彩""冬韵"四个主题功能区。

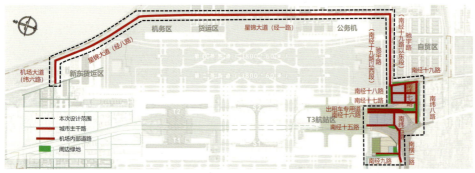

设计范围图

设计构思

设计亮点

主题特色

行道树选择综合考虑树种的适应能力、绿化功能和观赏效果，选用适宜机场周边环境，成活率高、抗性强、生长健壮的品种，根据道路的位置、方向、横断面类型等因素选用不同的行道树种。分车绿带植物设计以满足交通功能为主，兼顾景观舒适性、生态性及经济实用性，通过植物设计加强车行视线引导，减轻行驶造成的紧张。分车绿带绿化一般采用开花小乔木结合色块灌木的配置形式。根据道路的设计车速，针对性控制道路分隔绿带的景观序列长度和景观变化节奏，打造色彩丰富而又有韵律的线型景观效果。

人行友好

利用人行道串联贯通慢行系统，采用彩色沥青等材质，形成连续、舒适的慢行空间，运用地面铺装、景观小品及标识标牌强调人文机场理念。绿道样式有两种，一种为双向绿道，与人行道系统功能叠加，通道宽度同原人行道宽度，形成一道多用的慢行道。另一种为单向绿道，在保留人行通道基础上增加慢行功能。绿道沿线服务设施结合休憩停留点布置，并满足服务半径、人流集聚地适度增加布设密度。标识系统包括解说标识和指示标识，在慢行系统主要入口处设置一处解说标识，在路口节点处设置多处指示标识，造型简洁，内容清晰，引导性强。

四季效果图

绿道布局图

绿道效果图

5.2 开放共享的交通动脉

5.2.1 外环西段

建设单位： 上海公路投资建设发展有限公司、上海市嘉定区交通委员会、上海市长宁区建设和管理委员会、
上海市闵行区交通委员会

总体策划设计单位： 上海市上规院城市规划设计有限公司、上海市园林设计研究总院有限公司 、
施莱希工程设计咨询（上海）有限公司

总体工程设计单位： 上海市政工程设计研究总院（集团）有限公司、上海市城市建设设计研究总院
（集团）有限公司

　　外环西段全长 18.1 公里，途径嘉定、长宁、闵行，是虹桥商务区重要的对外通道，
也是服务沿线地区中长距离交通的主要道路。工程将现状以地面路基形式为主的主
线抬升为高架形式，释放地面空间，可打通沿线东西向受阻的断头道路，也可贯通
一条南北向地面主干路，串联区域路网，助力外环内外的融合，支撑沿线地区的持
续发展。

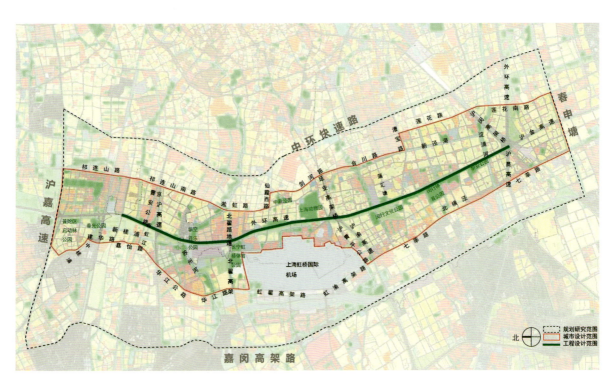

区位图

总体策划

功能定位：沪上画卷—超级枢纽的另一面

外环西段作为上海主城区西部发展的重要门户枢纽，是链接虹桥开放门户的重要动力，具有新时代工程的门户与示范作用。全段定位为沪上画卷，体现超级枢纽的交通功能与城市风貌打造，通过三区协同与城市的内外缝合，让外环东西"再握手"，营造枢纽新阶段，铸造经济新动脉，打造城市新空间。

风貌演绎

总体风貌：森林秘境、趣味虹桥、乐活绿廊

外环西段风貌特色明显，通过区域文化、活力等方面体现各自的独特性。通过立体森林的蓝绿空间展示四季多彩的新画卷，通过织路架梁的交通体系展现外环抬升的新速度，通过匠心独具的设计细节体现城区未来的新品质。

主题色彩：灰色系 + 水乡绿、极速蓝、活力橙

主题色彩整体以道路工程材料为基调色，灰色系更接近工程材料与城市环境本色。不同区段营造相应主题色，突出外环沿线丰富的城市特质，展现嘉定、长宁、闵行不同特色的风格面貌。嘉定水网密布、通过水乡绿呈现水乡风骨；长宁虹桥机场代表上海速度与高度，通过极速蓝体现交通未来；闵行七宝老街有多处经典，通过活力橙展现文化底蕴。

风貌分段

全线分为"溪畔杉水画卷、科普音体绿廊、全龄共享绿链"三个风貌主题区段。其中，溪畔杉水画卷段为嘉定区段，展现森林秘境的绿地风格，打造江南水乡的景观特色；科普音体绿廊段为长宁区段，呈现多元街区的趣味面貌，突出虹桥商区的未来活力；全龄共享绿链段为闵行段，强调全龄共享的全天绿廊，体现闵行多元的人居特色。

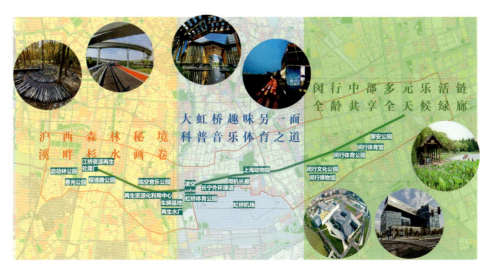

风貌分段图

设计重点

匠心独具的桥梁景观

设计重点打造三道体系，沿线优化绿色车行道、森林骑行道、林间漫步道。沿线布置 15 对平行匝道，灵活采用四种断面方式，局部改造京沪高速（G2）、北翟路、京渝高速（G50）立交、衔接漕宝路立交、上跨沪昆高速（G60）立交。沿线贯通南北地面辅道，优化现有慢行网。

海绵生态的呼吸之环

设计践行海绵城市设计理念，充分采用"灰绿结合"的排水方式，削减面源污染，保障道路排水能力，采用创新性的"路侧两路地面管 + 生物滞留池"的方式打造灰绿深度结合的海绵 2.0 模式。在总体造价低于传统海绵的同时，极大地提升了实际使用功能。

沪上画卷的立体森林

沿线结合三段主题，展现不同的景观风貌与内容，重点打造集中绿地、立交及路口，结合生态屏障、桥下空间，营造全线绿色基底、景观画卷的全要素立体森林空间。

溪畔杉水画卷段（嘉定段）打造森林环岛及音乐谷，通过联合竖向设计、立体展示面与植物主题紧密交互，共创面向城市的标志性立体景观空间，同时结合市政转角空间进行精致化打造，为城市展示特色景观功能。科普音体绿廊段（长宁段）打造悬浮之环及想象之门，结合立交景观的多重特性，打造声、光、电不同维度的都市化城市景观效果。全龄共享绿链段（闵行段）打造森林之花、密林花岛、流光森影等多节点，以多个公园及集中绿地为媒介，营造全天候绿色体验的密林风貌。

外环西段立交改造示意图

北翟路立交（悬浮之环）效果图

吴淞江桥

景观建筑设计单位：上海市园林设计研究总院有限公司

外环跨吴淞江桥位于长宁区，南北向跨越吴淞江，桥宽 33 米，桥梁总长 193 米。桥梁南临临空音乐公园，周边为绿化用地。

设计理念

吴淞江历史悠久，见证了城市的兴衰和时光的变迁，吴淞江桥以"时空之门"为设计意向。在这片水域，时光似乎交汇成一道流动的画卷，记录了上海的城市发展。以"时空之门"作为设计理念，追忆千百年来的点点滴滴。

设计亮点

整合联动，聚焦区域，整体提升：根据工程总体方案，现状外环跨吴淞江桥作为地面辅道保留利用，新建高架桥梁坐落于现状桥梁之上。通过对外环吴淞江沿线片区内现状地面桥、周边管线桥和新建高架桥进行整体设计，使各桥梁协同形成统一、和谐的视觉效果，突出"时空之门"的设计意向。

提升美感，轻盈灵动，水波逐浪：结合现场实际条件，连续梁采用曲线线条，体现简洁轻盈的设计风格；横梁等构件采用多曲面设计理念，减小结构体量，灵活多变；将结构、景观协调融入环境。

吴淞江桥区位图

吴淞江桥设计概念示意图

吴淞江桥设计效果图

5.2.2 漕宝路

建设单位：上海公路投资建设发展有限公司

总体工程设计单位：上海市政工程设计研究总院（集团）有限公司、上海市城市建设设计研究总院（集团）有限公司

漕宝路快速路为规划明确的虹桥枢纽外围快速集散系统"一纵三横"中的"南横"，主要承担虹桥枢纽与中心城东南部重点发展地区的快速交通联系。隧道全线在中春路、外环、合川路设置盾构工作井及风塔，为满足工作井设备区逃生要求，工作井设置楼梯和小型新排风井；外环林带内设置管理中心一处；万源路设置跨线人行天桥一处。

漕宝路快速路总图

中春路节点风塔及出地面构筑物

景观建筑设计单位：上海市园林设计研究总院有限公司

设计理念

中春路节点以蒲汇拾贝为概念，抽象贝壳的层叠及自然的肌理，用雕塑化的手法打造各设施形象。外环节点以生生不息为概念，从植物春芽破土到落叶归根全周期中，抽取芽叶花果等元素，结合外环林带本身的绿化，打造丰富而多样的城市森林。合川路节点以乘风破浪为概念，通过优雅的形体打造雕塑感，寓意在科技的海洋里，乘风破浪里。万源路天桥紧邻漕河泾开发区，设计以科技为主题，提出"科技结晶，精致设计"的理念。

中春路节点总图

中春路节点风塔设计效果图

中春路节点楼梯及风井设计效果图

设计亮点

生态友好，将基础设施转变为生态友好、景观协同的城市雕塑： 白色的形体如同蒲汇塘水岸边的一串贝壳结合开洞设计的鸟巢。为邻近蒲汇塘的绿地空间点缀城市美好的景观小品，打造三生融合的闵行之家。

融入社区，增加城市空间功能植入： 结合风井与楼梯间增加城市便民设施，不仅功能增多，且整体形象联动协同，推动城市空间融合与品质提升。

外环节点风塔及出地面构筑物
景观建筑设计单位： 上海市园林设计研究总院有限公司

设计理念

外环节点以生生不息为概念，从植物春芽破土到落叶归根全周期中，抽取芽叶花果等元素，结合外环林带本身的绿化，打造丰富而多样的城市森林。艺术化处理的立面形式将风塔与树木融为一体；花蕾般的风井口使得设施与花木相互映衬。此外抽取植物特有的舒展形象赋予在出地面楼梯间等设施上，使整串构筑物形象丰富多变，和谐统一，相融于景观自然当中。

设计亮点

生态友好，风塔作为城市树林： 标志性的风塔作为屹立在城市中的"树林"，呼吸给城市地下带来新鲜空气，对于路过的行人，这里是可以憩息的"树林"。风垂落的树叶、果实变作场地内的其他功能设施，继续在大地上生长、繁衍生息。

环境友好，丰富城市景观节点： 构筑物藏身于林中，与自然和谐对话。花蕾般的风井构筑物仿佛从土中绽放，与周边形成一幅美丽的风景画。

外环节点风塔设计效果图　　　　　　　　　　外环节点风井设计效果图

外环节点管理用房

景观建筑设计单位：上海市园林设计研究总院有限公司

设计理念

外环节点以生生不息为概念，从春芽破土到落叶归根。将周边草木景色通过穿孔板的图案变化拓印到管理用房的立面上，也让藏身于林间的建筑与树木和谐对话。

设计亮点

生物友好，自然与城市共生：公园鸟鸣，树叶沙响，能够生长、愈合、呼吸和进行新陈代谢的建筑应当成为生态系统中积极的一分子。建筑立面与周边环境紧密融合，让自然与建筑共生。

外环节点管理用房总图

外环节点管理用房设计效果图

万源路人行天桥

景观建筑设计单位：楷亚锐衡设计规划咨询（上海）有限公司（CRTKL 公司）

设计理念

万源路天桥紧邻漕河泾开发区，设计以科技为主题，提出"科技结晶，精致设计"的理念。提取结晶的三角形及多变面进行深入的精致设计，运用富有时代感的线条书写现代城市新风貌。多彩的效果、不断变化的体量体现科技与精致感。

设计亮点

数字赋能，感受科技的力量： 直线形一体化设计、简洁的手法、充满力量的线条，让人感受到科技改变未来、时代不断前行的速度感。镜面不锈钢的材质，将桥的体量消隐，成为城市丰富生活内容的一面镜子。

全龄友好，桥上的风光慢行的风景： 桥连通道路两边，通过在桥面上设置供行人停留的设施，以及丰富的空间变化，达到让人停留、驻足观赏的目的。镜面不锈钢和木纹地面的搭配使用，增加视觉上的冲突，更加深了对天桥空间的可辨识度。

人行天桥效果图

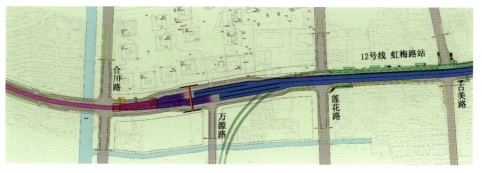

万源路天桥总图

5.2.3 东方枢纽上海东站集疏运道路

建设单位： 上海东方枢纽投资建设发展集团有限公司
工程设计单位： 上海市政工程设计研究总院（集团）有限公司
景观建筑设计单位： 华东建筑设计研究院有限公司

东方枢纽上海东站集疏运道路新建工程为联系枢纽周边路网与枢纽上落客平台的道路系统。集疏运工程以"南进南出、北进北出、南北可连、互为调剂"为设计原则，设计内容包含集疏运高架、南北联通地道及地面辅道。

设计理念

集疏运道路风貌提升方案以"集浪弄潮，运通未来"为设计理念，把"潮起东方，连接世界，托涌未来"的东方枢纽的整体景观概念贯彻于整个项目中。以站、场、城融合为整体的提升目标，力求将建筑、市政、景观融为一体。

集疏运工程总平面图

集疏运工程鸟瞰图

204

设计亮点

提升美感，树立门户枢纽形象

东方枢纽不仅是交通枢纽中心，而且是展示城市形象的窗口。以一体化的景观概念助力东方枢纽城市门户形象的提升。

整合联动，提供多维视角导向

人们的主要欣赏视点、视线通廊、主要路径、车辆的行驶方式与速度等，都会对集疏运道路的景观设计提出要求。项目从多方维度视角出发，有针对性地进行景观设计。确保每一个视角中景观概念的一致性和落地性。

彰显文化，体现城市文脉特色

每一座城市都有其特有的文脉特色，以"潮起东方"的概念呼应上海从近代史中的对外通商口岸，到中国重要的经济、金融及贸易中心，再到拥有全球影响力的现代化国际大都市的百年发展变迁历史。

环境友好，打造绿色生态枢纽

东方枢纽区域的建筑密度比较高，需要内部、外部包括建筑表皮绿化、立体绿化等完成系统的谋划与思考。绿化不在于多，而在于整体性与良好的布局，才能建设成为面向未来的绿色生态枢纽。

下穿通道敞开段设计效果图

高架桥下空间优化设计效果图

上海东站高架桥面落客平台设计效果图

外环西段 吴淞江桥设计效果图

5.3 柔波碧浪的新风景线

5.3.1 元荡桥

建设单位：江苏省汾湖高新技术产业开发区城乡发展局、上海市青浦区水利管理所
工程设计单位：上海勘测设计研究院有限公司
建筑设计单位：BAU 建筑与城市设计事务所

元荡，地处沪苏边界，与淀山湖相接，因芦滩封淤而成为淀山湖的一个子湖。当地水网密布，村落众多。原两岸虽仅一衣带水，但来往不便。环元荡贯通桥（简称"元荡桥"）连通上海青浦与江苏吴江两岸，加速长三角一体化示范区的发展进程，这也是该示范区的首座新建慢行桥。桥梁全长 586 米，既实现了两区蓝绿体系直接联通，也满足当地居民游览、休闲、观赏等需要。

设计理念

元荡桥整体设计以"同心结"为理念，体现青吴两地同心共治的发展愿景。桥身如同一条缎带，连同揉入湖水柔波元素的桥上栏杆，与元荡湖上的水波交相呼应。景亭中的太湖石小品，灵感源自当地传统雕塑，设计上探索当代数字建模及制作，创造了既是雕塑又是游乐场的多孔墙。

总平面图

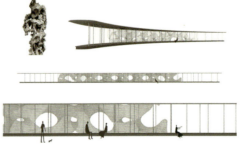

景观亭剖面图

鸟瞰图 © 朱润资

设计亮点

衔接风貌，糅合本土元素

桥上桥下的绿化种植延续了两岸生态公园的原生态种植理念，结合对本土植物及动物的思考。将树木和灌木融入到桥中，构建了一座连接两岸的浮动花园。这些融入本土环境的巧妙设计，使整座桥梁成为元荡湖上的一道别致景观。与此同时，元荡桥也串联了周边千帆归渡、闲梦云台、汾湖之眼等旅游资源，形成一段连续的生态之旅。

移步异景，特色线形安排

元荡桥的桥面标准段横断面布置为：2 米（人行道）+2 米（绿化带）+2 米（自行车道）=6 米，分为骑行、慢行、绿化三条线形，多种情境和氛围在桥面交织。

在行进的方向上，步行者和骑行者进入不同的线路，绿化带将两者间隔开来，这种线形设置为当地居民的健康生活划分安全边界。曲桥有三个加宽的部分，各条线路相合，并加入休闲长凳、观景平台、景观亭等，可供游人休憩及观赏湖景。这种线路设计延续了江南文化的动观为游，妙在步移景异，奇在风景如画。游赏相间，动静交替则元荡湖之景致尽入眼中。

鸟瞰图 © 朱润资

内部实景图 © 朱润资

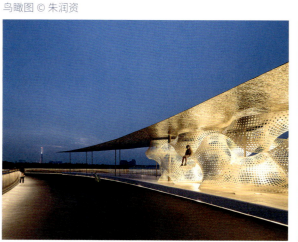
景亭实景图 © 朱润资

桥面实景图 © 朱润资

5.3.2 百合桥

建设单位：上海市普陀区市政工程建设中心、上海市静安区市政工程和配套管理中心
设计单位：上海市政工程设计研究总院（集团）有限公司、上海山水秀建筑设计事务所

苏州河百合桥（原 M50 人行桥）新建工程为市级重大工程，西起普陀区 M50
创意园区滨水步道，与周边市政道路连通；向东跨越苏州河后与静安区恒丰路相接，
顺接上海火车站枢纽。

设计理念

百合桥以"融合"为主题概念，将苏州河两岸互不相连、火车站地区与弥漫艺
术与人文的 M50 街区融合为一体。作为一座慢行桥，百合桥主桥采用一跨过河的
悬索桥，成为沪上第一座悬索景观桥，主引桥平面呈一个大写的"人"字形、彰显
"人民城市人民建，人民城市为人民"的理念。

整体造型轻盈通透，西岸设亲水平台，巧妙地延续了江南水乡韵味，将人文、
生态、自然和周边文化元素融合于一体，与桥梁整体及周边环境相映成趣。

鸟瞰图

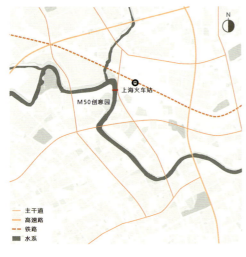

区位图

设计概念图

设计亮点

移步换景，多元空间融合，体验时空变化

百合桥西岸设计成滨水绿地与生态湿地相结合的布局形式，滨水设计南北两侧结合二级挡墙设计亲水生态湿地，供游人休憩、观赏滨江湿地空间。通过台阶消化地形连通高差。总体形式上则以直线为主，整体形式流畅圆润，在保证滨江防汛和不影响桥体设施的前提下，尽量展现滨水自然的生态节点。主桥、栈桥、滨江步道、防汛墙等打造出错落有致、层次感极强的空间，结合时令的变化，令人体会到时空之无穷变化，移步换景，令人流连忘返于多元融合的空间。

活力链接，光影流线

用简洁、轻盈的线条延续桥梁的流线和纵深感，强化动线的流畅和舒适感。在夜间塑造一个优美、艺术的光影地标。优雅的桥梁形态与光的渲染，不断吸引、强化、上升，散发着独一无二的动态流线。

西岸南侧视角效果图

东岸侧效果图

5.3.3 安远路桥

建设单位： 上海公路投资建设发展有限公司
设计单位： 上海市政工程设计研究总院（集团）有限公司

安远路桥为安远路跨苏州河桥的人行景观桥，桥梁西起西苏州路，东跨越苏州河，沿光复路绿化带内落地，呈 C 形走向。安远路跨苏州河桥是落实"提升慢行交通品质"要求的典型项目，建成后进一步完善路网结构，提高跨苏州河的交通供给，显著改善区域内行人及非机动车跨越苏州河的通行条件，促进周边区域土地开发，带动城市经济发展。桥梁包括主桥、坡道和梯道，全桥总长 252 米，主桥采用 3 跨钢桁架连续梁＋辅助双塔拉索结构，西侧在沿滨河绿化带内布置 1：12 坡道，东侧在沿滨河绿化带内设置 1：2 的梯道。

设计理念

安远路桥以"趣桥"为设计概念。桥梁设计从场地自身条件出发，在衔接苏州河两岸步行空间的同时，利用轻巧的结构设计，创造可停留的桥面空间，成为两岸之间的公共空间节点。设计在解决滨河两边步行空间衔接问题的同时为市民的生活带来乐趣，成为苏州河上一道新风景线。

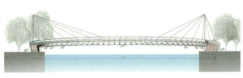

东南立面图

1-1 剖面图

总平面图

实景图 © 忻耀进

设计亮点

提升美观

"趣"桥将桥身结构和拉索结构结合起来，形成一个 C 形形态。桥身漂浮于苏州河上空，结合桥面弯曲宽窄变化，形成两岸之间纽带，创造苏州河上空的独特景观，同时提供市民活动的公共空间。安远桥在衔接苏州河两岸步行空间的同时，利用钢桁架结构及两侧独特的钢塔拉索，桥型整体通透而又富有变化。桥梁柔和的夜景灯光，使桥梁 C 形形态更为独特，成为苏州河上一道新风景线。

社区关怀

安远桥不仅是连接两岸的通道，更提供了一个交流、休息及观景的平台，为苏州河两岸的社区生活注入新的活力。桥身坡度平缓，高差过渡自然，方便步行、非机动车推行、无障碍等不同需求的人群使用，创造可停留的桥面空间，成为两岸之间的公共空间节点。

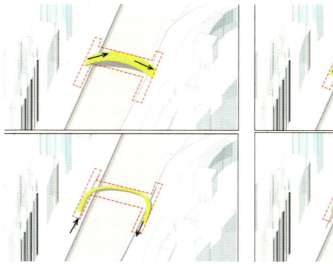
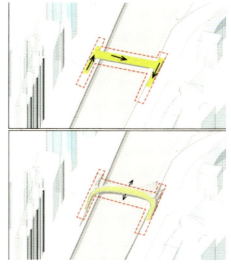

设计意象示意图

实景鸟瞰图 © 忻耀进

5.3.4 昌平路桥

建设单位：上海新静安（集团）有限公司、上海公路投资建设发展有限公司
设计单位：上海市政工程设计研究总院（集团）有限公司

昌平路桥西起昌平路—江宁路路口，沿昌平路规划走向，向东跨苏州河，接闸北区恒通路，止于恒丰路，全长约 853 米。工程范围内苏州河规划河口宽为 50 米，河道中心与道路中心线法线斜交 13°，通航净宽为 40 米。

设计理念

方案以"苏河之眼"为设计主题，上拱的拱轴线，特意高出车行道面的人行道，配以大跨度的悬臂加劲构件及拱肋间既装饰又带休息功能的横向铝板构件，侧面看来，仿佛一只妩媚的眼睛，静静欣赏苏州河美丽的景观。

区位图

车行视角效果图

设计亮点

提升美感，景观优先，打造地标建筑

桥梁位于文化创意聚集轴与苏州河人文休闲活动带的聚焦点处，设计团队力求使其成为苏州河上的一道美景，同时让渡河的行人能在桥上驻足，欣赏两岸风光。

社区关怀，以人为本，重视行人体验

"建筑可以阅读，街区适合漫步，城市始终有温度"，这是设计昌平路桥的初衷，为使昌平路桥的设计真正做到以人为本，首先桥梁与两岸道路平交，在满足桥下通航的同时，通过纵横梁体系及拱梁组合结构，最大限度地压低梁高，增加人行过河的舒适度；其次，为保证行人安全，人行道悬挑设置让人车完全分离，人行栏杆均设置二级扶手，即使儿童也能便捷地扶握栏杆驻足远眺；最后桥头两侧均设置无碍障通道，无碍障通道的栏杆均设置亮化设施。

日景鸟瞰图 © 司翠竹

夜景侧视图 © 司翠竹

215

5.3.5 白玉路桥

建设单位： 上海城投（集团）有限公司
设计单位： 上海市政工程设计研究总院（集团）有限公司

　　白玉路桥为景观慢行桥，位于苏州河内环至长寿路段，曹杨路桥和华政人行桥之间。白玉路桥的建设将打通苏州河两岸步道的断点，实现中心城区苏州河两岸公共空间贯通的目标；同时加密区域慢行跨河通道，补充完善南岸中山公园—华政校区文化游憩区和北岸长风街道等成熟居民区之间的慢行交通走廊，改善区域慢行出行条件、提升苏河滨水空间环境。白玉路桥属于上海市 2024 年黄浦江、苏州河两岸地区公共空间建设类开工重大工程项目之一。

　　桥梁北起普陀区白玉路与光复西路，向南跨越苏州河后，于长宁区万航渡路两侧落地。主桥全长约 107 米，跨河段桥面上设置轻质雨棚。景观桥两端在南北岸分别设置梯道、无障碍电梯和环形坡道接地。梯道接入两岸滨河步道；北岸坡道跨越光复西路后落于白玉路绿地公园，南岸坡道则跨越万航渡路后落于规划绿地内。

设计理念

　　白玉路桥的设计概念来源于白玉，整体造型流畅舒展，宛如一柄玉如意横跨在苏州河上。在结构上从场地自身限制条件出发，综合视觉效果，压低了主桥结构厚度，使得桥身更加轻盈。桥上纤细的立柱支撑起轻薄的顶棚，在遮阳避雨之余欢迎行人驻足停留，使这座步行桥成为苏州河上一座风景独特的"白玉廊桥"。

平面布置图

人视点效果图

设计亮点

彰显文化，现代廊桥

廊桥，是一种历史悠久的桥梁类型，不仅具有交通功能，同时也提供了可以容纳各种活动的公共空间。 桥上的廊屋可以为乡人行旅遮阳蔽雨，纵长而开放的空间可以举办多种形式的活动，休闲娱乐、文赋书画、民俗祭祀，有一些廊桥还形成了热闹的集市。 希望从传统中汲取智慧，融合现代的技术和审美，使这座步行桥成为苏州河上一座风景独特的"白玉廊桥"。

提升美感，曲线美玉

白玉路桥平面及立面曲直结合，整体造型流畅舒展。在结构上减小了桥梁厚度，使得桥身更加轻盈。而顶棚同样造型流畅轻盈，整体设计风格轻巧优美。

环境整合，各得其所

桥位两岸现状苏州河步道和配套设施近年来均有改造变化，设计将环形坡道、无障碍电梯、滨河步道、公园绿地等有机地整合在一起，使各个功能要素各自运作顺畅又互相照应。景观方案特别对白玉路绿地公园和两岸滨河步道范围内的桥下空间做了细节处理和提升。

鸟瞰效果图

鸟瞰效果图

5.3.6 泾阳路桥

工程设计单位： 上海市交通发展研究中心、上海市政交通设计研究院有限公司
景观建筑设计单位： 上海山水秀建筑设计事务所

泾阳路桥位于中环线、外环线之间，是一座连接长宁区和普陀区跨苏州河慢行桥梁。该桥西起长宁区的福泉北路—临新路交叉口，向东接普陀区的同普路 - 泾阳路交叉口，全长 456 米，其中桥梁长度 265 米，主桥长度 77 米。

泾阳路桥为慢行桥，是市"十四五"部分领域重点基础设施市对区支持政策项目。项目建成会缩短跨苏州河通道间距，促进长宁、普陀两岸职住互补发展，缓解祁连山路桥的非机动车交通压力，打破长宁临空片区东侧苏州河的交通阻隔，增强轨道交通的服务能力，提升慢行交通的可达性。

设计理念

桥梁采用异形拱桥结构，桥顶设计透明薄膜和拉杆，整体造型像一把琴弦，与临空音乐公园相呼应。

平面图

鸟瞰效果图

设计亮点

提升美感，打造梯形舞台

利用桥两侧地面到桥面的台阶打造梯形舞台。主桥平面变化形成两个休憩场所，两侧交错隆起的观景台阶，让行人眺望苏州河周边景观，在顶部由拉索和膜材覆盖人行空间，形成一座由拱悬挂的廊桥，打造一个供游客驻足打卡的中央舞台。

桥面中部人行通道，通过碗状桥墩内的大台阶（小剧场）和无障碍电梯连接滨河步道；桥面两侧非机动车道，通过引桥与两岸市政道路衔接，实现人车分流。

鸟瞰效果图

苏州河河上的梯形舞台效果图

桥面效果图

元荡桥实景鸟瞰图 © 朱润资

泾阳路桥效果图

百合桥鸟瞰效果图

第6章 水之灵动　温暖韧性

本章为城市基础设施中涉水系统的实践项目，包括城市给水工程、城市排水工程和城市防洪（潮汐）工程。

城市给水工程是为城市提供生产、生活等用水而兴建的各项工程设施，涵盖了从原水的取集、处理到成品水输配的全过程，主要包含自来水厂、原水管、水塔等工程。城市排水工程旨在收集和排出城市中的雨水、生活污水以及工业生产排出的废水等，主要由雨水排水系统和污水排水系统等组成，包含污水处理厂、污水管、泵站等工程。城市防洪（潮汐）工程旨在控制和防御洪水及潮汐，以减轻或避免其对城市造成的灾害，主要包含堤防工程、河道整治工程等内容。

6.1 濯污还清的生命之链

6.1.1 竹白连通管附属设施

建设单位：上海市城市排水有限公司、上海城投水务工程项目管理有限公司
总体工程单位：上海市政工程设计研究总院（集团）有限公司

竹园和白龙港是上海中心城区两座特大型污水处理厂，坐落在东海之滨，与长兴岛郊野公园隔江相望，其污水处理量占中心城区污水量的 80%。竹园白龙港污水连通管工程（以下简称竹白连通管工程）是连通这两座污水处理厂的连通管道，可发挥跨片区的应急调度、水量调配等多重功能，增强污水输送及处理系统的功能韧性。管道沿人民塘（海徐路—航津路—华东路—港绣路—港建路—随塘河）地下敷设，附属设施工程有 15 处，包括 6 个闸门井和 9 个透气井。总体策划以打造"人民项链"为规划理念，以"15 颗晶莹剔透的明珠挂在东海之滨的郊野星空"为设计意向，注重简洁性、艺术性、设计感和雕塑感，由北至南规划"生命的跃动""水之灵秀""潮之神韵"等三个系列。

竹白连通管附属设施布局图

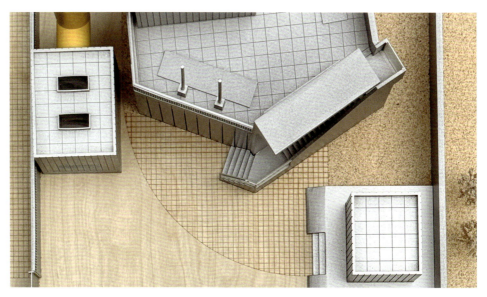

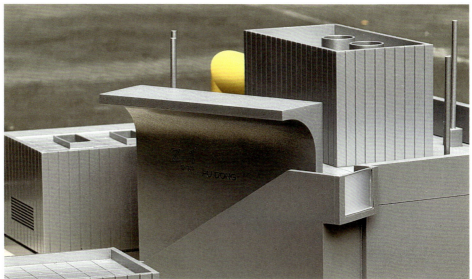

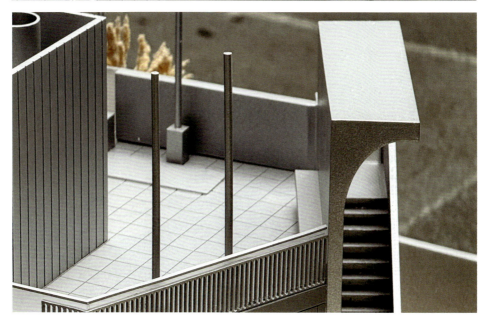

竹白连通管模型照片

系列一：生命的跃动

景观建筑设计单位：上海有客建筑设计有限公司

设计理念

该系列为竹白连通管北段附属设施，包含 Z1、Z2 闸门井、T1、T2、T4 透气井，以"生命线"为总体设计理念进行统筹设计。设计师从"生命发展"的历程提取灵感，讲述"污水处理大系统"背后的"生命保护"意义，也体现出对"生态系统"和"社会系统"双重保护的含义。

在总体规划构思上设计师将"生命线"划分为"生命源起、生命生长、生命升华"三个主要发展阶段，结合不同附属设施的功能特点逐一展开设计。单体设施的设计基于以上三个阶段进行具象化落地，对 Z1、Z2 及 T1、T2、T4 五个构筑物的造型形态与生命发展形态进行抽象拟合，分别赋予"Z1 生命之根""Z2 生命之器""T1 生命之塔""T2 生命之窗""T4 生命之钟"的设计概念。

Z1 闸门井位于海徐路、东电路路口，造型以"生命之根"为理念，高低错落、张弛有度，整体展现出一种扎根于地下、逐渐生长破土的生长形态。它使用混凝土和铝合金作为主要建筑材料，以竖向隔栅和弧形墙作为主要造型，点缀亮黄色的通气管道，形成现代工业的独有艺术感。

Z1 闸门井效果图

Z1 闸门井实景照片

　　Z2 闸门井位于华东路、洲海路路口,造型以"生命之器"理念,利用立面上富有韵律排布的种植花箱让建筑具有生态感,体现出生命的旺盛活力,同时为街道带来丰富变化的城市新界面。夜幕降临,凹凸立面的灯光不断变化,形成路口的视觉焦点。材质上主要使用混凝土、木纹铝板和银色穿孔板,增加造型灵活感和设计感。

Z2 闸门井效果图

Z2 闸门井实景照片

T1 透气井效果图

T1 透气井位于华东路、越海路路口,造型以"生命之塔"理念,强调高耸挺拔之感、意为生命不断向上生长,顶部利用弧形墙打开缺口,清泉倾泻而下犹如一座"水塔"。三个透气井高度统一,采用清水混凝土和木纹铝板相互搭配形成简约清爽的质感。

T2 透气井效果图

T2 透气井位于航津路、华东路路口,造型以"生命之窗"理念,在透气井顶部打开一扇面对城市界面的窗口,带来光影的变化,预示希望滋养生命。

T4 透气井效果图

T4 透气井位于海徐路、航津路路口,造型以"生命之钟"理念,汲取钟楼的概念,生命与时间密不可分、生生不息。

系列二：水之灵秀

景观建筑设计单位： 原典建筑设计咨询（上海）有限公司

设计理念

　　水之灵秀为竹白连通管中段附属设施，包含 Z3、Z4 闸门井、T5、T6、T7 透气井。设计理念取自城市污水处理的工序和流程，旨在让人们更好地了解污水处理工序和流程，并提高人们对污水处理厂的认识和重视程度，设计灵感来源于竹园及白龙港两座污水处理厂，它们是亚洲最大的两座污水处理厂，是名副其实的城市隐形卫士。

　　设计师通过简化污水处理的 5 个流程：从格栅、沉淀、生化处理、二次沉淀再到出水等流程，将其处理场景简化为十字网格、竖条网格、点状、同心圆及圆弧五个抽象符号。同时，提取出"格物致知、水天一色、烟岚云岫、无边风月、流觞曲水"等五个不同形态的造型元素，通过对不同元素形态的有机组合和设计拼接，形成有设计感且统一协调的建筑形象，并达到科普的目的。

Z4 闸门井位于港建路旁，东侧为随塘河，出地面设施总面积 151 平方米。它的设计灵感来源于中国古典文化中的"流觞曲水"。由于周边高度限制，不能建造过高的构筑物，因此设计方案通过插入缓缓上升的混凝土板，形成仿佛流水般流畅的曲线，展现出一种动感和优雅的美感。闸门井的外部围墙采用仿甲板的设计，使其远看仿佛行驶在随塘河上的一条方舟，体现出一种与自然相融合和探索未知的精神。

Z4 闸门井效果图

Z4 闸门井实景照片

Z3 闸门井位于人民塘路旁，南侧为随塘河，设计灵感来源于中国传统的"无边风月"，寓意人们对于自然和生活的无限欣赏和享受。设计方案使用砖作为主要建筑材料，以圆形作为主要造型，表达出完整和谐的美感，并通过一段盘旋向上的廊道展现出移步换景的感受。

Z3 闸门井效果图

Z3 闸门井实景照片

T5 透气井

T5 透气井位于华东路和港秀路的交叉口，其设计灵感来源于《礼记 · 大学》中的"格物致知"这一儒家思想。它以方圆相融的造型展现出简洁而富有艺术感的形象，同时利用金属、玻璃砖和混凝土等材料交错排列，增强了雕塑感。以"格物致知"为主题，寓意着人们应该通过对事物的研究和探索，达到对自然和社会的认识和理解，从而实现个人和社会的完善和发展。

T6 透气井

T6 透气井位于位于港秀路、港建路路口。设计采用"水天一色"的意象，表达自然和谐与美好的意象，它源于中国传统的山水画和诗歌，寄寓着人们对于理想世界的向往和追求。透气井的造型采用了光洁的建筑立面，形成一种与天空和水面相映成趣的效果，从而体现出水天一色的设计理念。同时，透气井也借鉴了水天一色中蕴含的平静和清澈的品质，展现出一种简洁而优雅的美感。

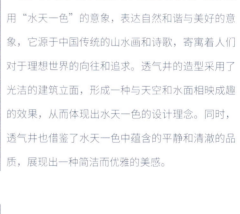

T7 透气井

T7 透气井位于人民塘路旁，南侧为随塘河。它的设计灵感来源于中国古典诗词和绘画中描绘山水风光的"烟岚云岫"，寄寓着人们对于自然美和诗意生活的向往和赞美。它通过对表面材料的选择，展现了一个建筑与环境相互和谐的状态。从远处看，它仿佛漂浮于随塘河上营造出一种梦幻般的视觉效果，并体现出烟岚云岫中蕴含的灵动和神秘的品质。

系列三：潮之神韵

景观建筑设计单位：上海唯筑建筑设计有限公司

设计理念

　　本系列所含 Z5 闸门井、T8—T10 透气井、6 号泵站五座设施均位于防护林内远离主要道路。竹白连通管附属设施的地理区位非常特殊，所处位置曾经是一段海塘，也是历史上浦东人民抵御海潮的生命线。从城市文明发展的视角来看，城市化是人类战胜水患、学会系统化利用水资源的过程，设计根据其所处的区位特色确定"旷野之上的艺术展示载体"风貌构想，结合"水处理"的主题，从自然元素获得设计灵感，转换为现代建筑艺术，从而形成"潮之神韵"的总体设计理念。

6 号泵站

6 号泵站进水闸门井位于白龙港厂区内，西侧及南侧为绿化，北侧为空地。其设计关键词为"沧海"，是整个序列的终止符。设计中采用海浪的自然曲线进行立面的分割与变化，建筑底部的处理形成漂浮的动感。"沧海桑田"寓意历史长河中的世事变迁，也带来更多的思考与无限的遐想。

6 号泵站实景照片 © 陆方

Z5 闸门井

Z5 闸门井位于人民塘路燃气公司南侧，西侧为随塘河，南侧及北侧为防护林，其设计关键词为"涟漪"，是整个艺术序列的开端。水面的涟漪寓意生命的律动和循环，设计采用不同角度的空间环形构图来象征水面荡漾的涟漪，形成一种视觉上微妙的动感，呼应"人民塘"的历史人文主题背景，用现代建筑语汇诠释了自然与历史的印记。

T8 透气井

T8 透气井位于人民塘路曹路哨所北侧，西侧为随塘河，南侧及北侧为防护林，出地面设施总面积27.31 平方米。其设计关键词为"碧波"，立面曲线形态取自自然的碧波，曲线比例优美、线条流畅。下浅上深的色彩对比削弱了建筑的厚重感，显得轻盈灵动，带来波涛流转之间动态的艺术美感。

T9 透气井

T9 透气井位于人民塘路合勤十路南侧，西侧为随塘河，南侧及北侧为防护林，其关键词为"潮涨"，诠释的是一种昂扬向上的生命力量。立面中的曲线形态丰富，充满张力。通过体块切割形成阴影层次，建筑用色纯净，突出曲线的构成感，带着浓烈的象征性。

T10 透气井

T10 透气井位于人民塘路张家浜南侧，西侧为随塘河，南侧为防护林，北侧为河道，其设计关键词为"惊涛"，意在表达生命的律动与节奏。立面曲线构图饱满，采用重复及渐变的手法，通过波纹及曲面的元素将"惊涛"纳入构筑物的造型设计，以融入周边的自然环境。

6.1.2 合流污水一期复线附属设施

建设单位： 上海市城市排水有限公司、上海城投水务工程项目管理有限公司

　　合流污水一期复线是上海排水的又一条生命线，通过新建既有污水干管复线的形式，全量转输现状合流污水一期干线输送的污水，为老线修复创造可实施条件，推进合流一期修复工程落地实施，保障城市生命线安全运行。线路涉及普陀、静安、虹口、杨浦、宝山、浦东 6 个行政区划，总服务面积 81 平方公里。合流污水一期复线工程附属设施主要包括 10 个透气井、2 个闸门井及 1 个泵站。为满足工程技术和城市环境双重要求，规划以"城市方糖""城市雕塑""城市家具"为主题对地上设施进行分组设计。

区位图

"城市方糖"系列

景观建筑设计单位： 上海唯筑建筑设计有限公司

设计理念

　　该组设计包括浦西段 7 个透气井（T1-T7）和一个闸门井（Z2），设施大多位于中心城区，靠近居住社区，周边人口密度较高。"城市方糖"意为给城市生活加点糖，在功能设计之上，强调艺术性、创新性、协调性，为市民提供美的享受。设计重点是针对每个点位的特定区位进行研究并提炼其特色，形成各具个性的主题风貌，以低调柔和的姿态作为城市的一个配角，呈现出城市空间的艺术品质，消减对周边环境的负面影响，也融入市民的日常生活。

设计亮点

安全韧性，分离设施出入通道与市民日常流线

首先，设计以维护设施自身安全运行为原则，对于与设施日常使用、定期维护相关的门窗尺寸、操作通道进行充分预留，并将设施维护的出入通道与市民日常的流线进行合理区分、有效分流，以做到对周围环境的最小干扰。

其次，除了必须的硬隔断等措施，在立面设计上通过比例划分、材质对比等手段，尽量模糊附属设施的尺度、弱化门窗等功能性立面元素，使得附属设施更像一个"适合远观"的雕塑，而不是一个可以推门开窗的房子。这样在视觉感官上隔离人们靠近的意愿，辅以精心设计的标志等提示元素，使得在融入城市空间、成为一个"雕塑艺术品"的同时，也提升了设施和场所的安全性。

提升美感，造就城市艺术品

在功能设计之上，强调艺术性、创新性、协调性，为市民提供美的享受，将这一系列城市排水设施视作一段流水的旅程，映射出所处城市地段的百变模样。每个点位的设计都有其独到之处，各具匠心，与其所处的环境相融合。如位于大宁灵石公园内的 T1 透气井，粗粝的混凝土材质使它犹如一块自然之石、又像一件雕塑艺术品，隐于公园一隅，好像山水画中的点睛一笔，给人以艺术遐想。而位于闸殷路民庆路西侧的绿化带中的 Z2 闸门井，设计采用"取景框"的理念，从不同角度走过，透过取景框都会看到不同的美景，也是一种沉浸式的主动体验，希望其本身作为艺术品一般存在的同时，也能让市民在岁月流逝里通过"取景框"见证周边环境四时交替、日新月异的美好变化。

改善邻避，弱化设施高冷印象

设计中力求弱化基础设施高冷的印象，通过积极的设计手法，改善人们的感知。如位于万荣路江场西路东北侧的 T2 透气井，立面设计中用精致的比例分割来呼应市北高新的建筑天际线，结合竖向长窗元素，显得非常轻盈又不突兀，立面的线条组合构图在某个角度又会唤起一些关于蒙德里安画作的艺术联想。

环境友好，塑造生物栖息所

设计还注重和周边环境的协调和融入。如位于国和路白城路东侧的 T7 透气井，立面采用弧线的设计语言，体现一种温润内敛的建筑态度，以减少对周边空间的压迫感。在建筑体块的穿插分割手法下形成的微妙凹凸空间，为流浪小动物提供了遮风避雨的空间，也为鸟雀提供了筑巢的理想场所。将其命名为"暖池"，"日暖池塘春草齐"，也是一种与自然生态共生的美好愿景。

T1 透气井位于万荣路广中西路东南侧大宁公园内，以"灵泉"为设计灵感，以粗砺的混凝土模拟一块自然之石，呼应大宁"灵石"公园的名称。而灵泉的谐音"林泉高致"，亦是城市公园山水意向的一种精神诠释。

T1 透气井

T2 透气井位于万荣路江场西路东北侧，以"水舞"为设计灵感，立面设计中以比例分割来呼应市北高新的建筑天际线，结合竖向长窗元素，形成充满节奏感的"水舞"视觉形象。同时，以立面的线条组合构图唤起关于蒙德里安画作的艺术联想。

T2 透气井

T3 透气井位于平型关路江场东路北侧的城市绿地之中。以"饮涧"为设计灵感，提取周边教育建筑的功能特色，取"饮水思源"之意，形成山间水流的意象。同时，以"长虹饮涧"的美意，对所处城市绿化进行回应，以立面上的曲线变化，与周边绿植进行光影映照。

T3 透气井

T4 透气井位于西泗塘静安段的起点。以"雪帆"为设计灵感，采用不对称立面构图，顶部造型突出空间的导向性，形成"白雪挂帆"的意象。

T4 透气井

T5 透气井

T5 透气井位于宝山科创中心殷高路高逸路东北侧，以"听雨"为设计灵感，使用具有节奏感的竖向划分来呼应周边建筑，体现了春雨的意象。立面材料增加了铝板的元素，突出其轻盈感与科技感。

T6 透气井

T6 透气井位于明庆路国和路西南侧，以"清溪"为设计灵感，立面设计采用虚实对比的手法，体现立体构成的艺术感，顶部的处理在视觉上形成一种流动感。

T7 透气井

T7 透气井位于国和路白城路东侧，以"暖池"为设计灵感，设计采用弧线的设计语言，穿插包容的体块分割手法，减少对周边空间的压迫感。其理念"日暖池塘春草齐"体现了一种生机盎然、融入四时更替、与自然共生的美好愿景。

Z2 闸门井鸟瞰图

Z2"飞瀑"闸门井位于闸殷路民庆路西侧的绿化带中。设计采用"取景框"的理念，从不同角度走过，透过取景框都会看到不同的美景，也是一种沉浸式的主动艺术体验。建筑立面和围墙采用渐变式的肌理变化，混搭金属材质，光泽熠熠，如同飞瀑。"飞瀑"二字，也是动感的诠释，希望取景框在时光的飞瀑中见证城市不断变化的美好景致。

237

"城市雕塑"系列

景观建筑设计单位: 上海有客建筑设计有限公司

设计理念

本系列以"城市雕塑"为理念,以保障功能性为基础前提,提升艺术化感受,为城市打造"一件亲切的城市家具""一个艺术的城市空间""一块耐久的城市雕塑"。总体规划构思为"城市雕塑,水清石流",取自"清泉石上流"的意境抽象,隐喻水与石组成"泵"字和污水过滤提升让清流回归自然。

设计亮点

彰显文化,汲取上海建筑要素

本方案用大片的混凝土板比作"巨石",用水纹肌理效果和透光金属网效果比作"清流"。通过几种材料的造型组合隐喻了污水提升过滤让清泉回流自然的理念。泵站底层采用红砖砌筑,呈现出具有上海特色的建筑印象,通过形体上的变化来突出建筑的力量感和雕塑感,通过艺术化概念的注入和表达,改变人们以往对于市政设施固有的刻板印象。

提升美感,塑造具有雕塑感的形体和"水纹"立面

泵站的整体体量较大,色彩简洁统一,通过形体变化来突出力量感,沿街界面起伏变化,主次体量大小适宜,形成轻重对比、虚实对比的城市界面,如摆在城市中的一组雕塑静物。

建筑立面上部采用仿水纹波浪的 UHPC 超强混凝土板,以混凝土板的粗砺感贴合市政设施的原生质感的同时带来博物馆般的厚重感,并以混凝土板表面质感采用独特的"水纹纹理",像清泉流淌过岩石。同时在造型混凝土板上嵌入了透光的金属板,当夜晚灯光亮起来的时候,可以通过灯光的明暗变化呈现出清流倾泻而下的艺术效果。

安全韧性,绿色屏障隔离设施与城市

泵站在选址布局上位于绿化带内部区域,周边多为工业园区,绿植和树木较多且距离建筑物有一段距离,不会对居民的生活产生负面影响,其产生的废气等物质可以第一时间被绿植吸收转化,从而降低对环境的污染。

同时泵站的整体材料上采用超强混凝土板(UHPC),这种材料本身具有强度高,更耐久,免维护的特点,呼应"一块耐久的城市雕塑"设计理念。底部采用红砖砌筑,材料易更换可回收,突出环保特性。

场地四周设置了保护设备安全和正常运行的围墙,围墙设计"透而不通",保证安全性的同时,尽量减少长段连续围墙给街道界面带来的压迫感和封闭感,并充分展示建筑形象。

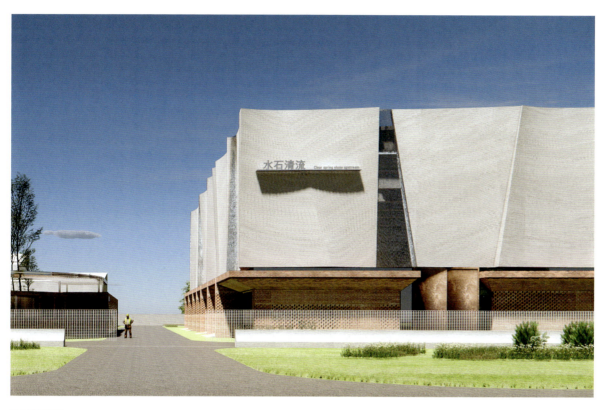

泵站效果图

泵站立面材质设计效果图

"城市家具"系列

设计单位：上海市政工程设计研究总院（集团）有限公司

设计理念

该组设计包括浦东段 T8—10 三个透气井和 Z4 闸门井。"城市家具"总体规划构思为"城市家具亮化空间"，设计中不仅思考构筑物本身形象的改观，更重要的是其对于环境和区域的活化作用。结合公园、水岸、楼宇和街角等各种空间，打造多元精致的小微文化空间，塑造人性化的空间场所。根据构筑物的形态与水的形态的拟合，分别赋予其"T8 奔流""T9 曲水""T10 漪澜""Z4 汀洲"的意象。

设计亮点

安全韧性，设置周边防护屏障与自体安全措施

面对"无序"的周边环境，为构建设施设备正常运行的场所。首先，在场地四周设置了保护设备安全和正常运行的围墙、围栏，以及一眼可见的标志，意在提醒行人此区域为市政场站设施，而非可随意出入的场所，起到了直接提示的作用。

细节方面，在立面装饰材料的选用上，构筑物高处多考虑为带龙骨的干挂装饰板，保证材料的稳固性和安全性，考虑到上海的台风和雨天的影响，在土建内部预埋防雷设施，保证了构筑物本身的安全。同时，在材料本身的选用上主要考虑具有自洁、耐久性质的金属和水泥板，减少后期维护的成本。

提升美感，以形体和立面设计点亮市政设施

设计材质上采用预制混凝土挂板、金属网以及渐变穿孔铝板，通过材质本身的纹路以及色彩，暗自契合水的肌理和光泽感，让市政设施焕发新的活力。

Z4 闸门井

Z4 闸门井位于 Q1503 上海绕城高速、洲海路口，设计采用"汀洲"的意象，其基地位于路口的三角形地块。在构筑物的立面设计上多用圆形的元素，与闸门井本身的圆形形态相呼应，材质上运用具有光泽度的银灰色金属板，将天光和绿带中的绿色映衬在构筑物的立面之中，消隐在街角。

T8 透气井

T8 透气井位于张杨北路、洲海路路口路口，设计采用"奔流"的意象，整体呈现出高而挺拔的设计形象，材料和肌理呼应湍急的水流，与周边的空间环境契合，同时，呼应"城市家具"的设计理念，以高塔给过路的行人视觉上的导视，指明方向。

T9 透气井

T9 透气井位于台北东路、洲海路、富特中路路口，设计采用"曲水"意象，运用流动性弧线造型，营造包裹感与环境融为一体，并在边角空间设置动物栖息区，模拟"城市家具"中的驿站，给予动物庇佑所。

T10 透气井

T10 透气井位于洲海路、富特东二路路口，顶部采用折线形式呼应"漪澜"意象，同时成为洲海路高架下绿化带"绿波"中的一艘潜水艇，模拟"城市家具"中的雕像，成为城市景观的一部分。

6.2 防洪排涝的水利明珠

6.2.1 淀东水利枢纽泵闸改扩建工程

建设单位：上海市堤防泵闸建设运行中心
设计单位：华建集团上海市水利工程设计研究院有限公司、华建集团上海建筑科创中心、华建集团上海建筑设计研究院有限公司

　　淀东水利枢纽泵闸位于上海市闵行区莘庄镇，距黄浦江约 10 公里，原由一座三孔节制闸与一座 100 吨级船闸组成，1975 年 9 月开工建设，1978 年 10 月投入使用。泵闸改扩建工程为系统解决青松控制片的洪涝问题，有利于提高地区防洪除涝能力、实现片区内水资源调度、改善区域水环境质量，同时对保障居民生产、生活安全，促进地区经济的可持续发展具有积极的意义。改扩建后的淀东水利枢纽泵闸是上海市拥有设施最齐全的水利工程，具有挡潮、防洪排涝、活水畅流和船舶通航功能，项目包括排涝泵站、引水泵站、节制闸、船闸、防汛墙及水文测站，总建筑面积 1850 平方米。

淀东水利枢纽泵闸设施布局图

排涝泵闸鸟瞰图

设计理念

以工艺要求为基础，以公共建筑的设计手法，将水利工程环境及造型进行建筑化的处理，改变传统水利工程构筑物的形象，使其与周边的建筑和环境能够很好的融合、协调，形成集水利、建筑、景观设计提升于一体的创新示范工程，在满足水利工程基本功能的基础上，注重与周边商务区环境的协调，提升建筑整体景观形象品质，体现创新风格的现代水利建筑特征。

设计亮点

提升美感，与周边城市景观协调共生

主副厂房建筑采用"T"字型布置手法，通过一片由地而升、轻盈折起、覆盖上下游各闸门的建筑薄板，与具有折叠感的"T"字形水泵房体量形成穿插，在河道上形成通透的观景台，在"面"与"块"的交织与对比中，突出了建筑自身形象的表达，强化了建筑整体的轻盈感与通透感，使建筑仿佛是轻轻的漂浮于水面之上。岸边配电房的设计同样采用了"面""块"对比的手法，沿河岸一字排开的体量烘托出河道之上泵闸建筑的主体地位。建筑外立面通过铝合金格栅强化轻盈与通透感，微风吹过，动态的水波光影倒映在建筑折板及铝合金格栅上，建筑在光与影的交织中表达自身与河道及城市环境的融合，形成独特的水工景观，被戏称为"外形最不像泵闸的泵闸"。

格栅光影实景

排涝泵闸立面实景

6.2.2 苏州河西闸

建设单位: 上海城投 (集团) 有限公司
设计单位: 上海勘测设计研究院有限公司

苏州河西闸位于苏州河与蕴藻浜交汇口下游约 2 公里的苏州河上,是吴淞江工程 (上海段) 四大控制建筑物之一,也是《苏州河防洪除涝工程规划》确定的"两闸一泵一隧"防涝体系的重要组成部分。工程主要任务一是提高流域和区域的防洪除涝能力,二是完善苏州河洪涝治理格局,三是提高苏州河两岸地区防洪、除涝排水能力,四是兼顾航运。苏州河西闸总净宽 60 米,管理用房总建筑面积约 1660 平方米,并通过河道疏浚、护岸改造、新建防汛通道及绿化等措施同步对苏州河的蕴藻浜—苏州河西闸段进行综合整治。

设计理念

苏州河西闸采用单扇 60 米宽的浮体一字门,闸门顶部布置人行通道连接河道两岸。建筑设计思路从"方亭"展开,延续生态景观。"方亭"具备了亭子的基本属性,融合了功能建筑的开放性与点景建筑的标志性,描绘出"花间隐榭,水际安亭"的理想图景。

设计亮点

提升美感,艺术化的造型融入景观

苏州河西闸将周边环境与创新艺术造型融合,以其极简的线条塑造了极具张力的景观园林之上的方亭,成为十里岸线上极具标识性的点景建筑。

彰显文化,造型呼应地方历史文脉

项目所在地安亭,据史记载:"十里一亭,以安名亭,以亭为镇",安亭因而由此得名。苏州西闸管理楼取名"方亭",既是对地方历史文脉的呼应,也是反应"亭"的本义:"亭者,停也。人所停集也",苏州河西闸不但是水利设施,也是市民休憩的"方亭"。

安全韧性,多重分析保障结构稳定

"方亭"结构属于特别不规则结构及混合结构,运用了多项最新分析手段,采取了多种抗震处理措施。在多种计算分析手段选取方面都具有一定的代表性,囊括了目前多种主流结构设计软件以及结构处理措施,为项目的安全、经济、可行性提供保障。

社区关怀,融合服务休闲功能活动

方亭一二层体块错落形成的区域为其创造出更多的公共性生态活动空间, "方亭"不仅是管理楼,更是一座驿站,一层室外空间和部分屋顶"空中花园"对大众开放,设置公共卫生间和休息室,和独立观景平台楼梯,为贯通的滨水岸线提供游人可通达可停留的休憩场所。

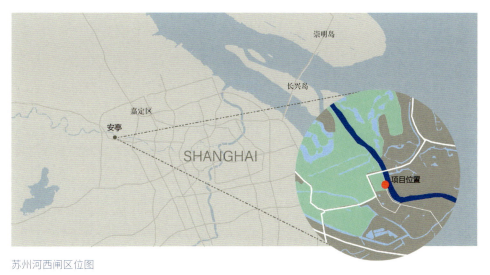

苏州河西闸区位图

苏州河西闸鸟瞰图

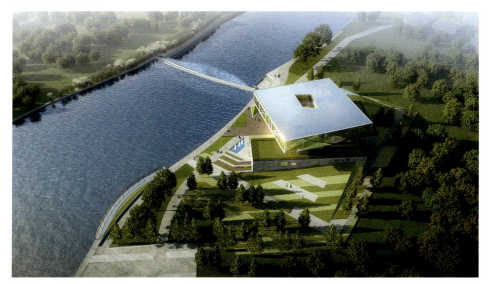

苏州河西闸鸟瞰图

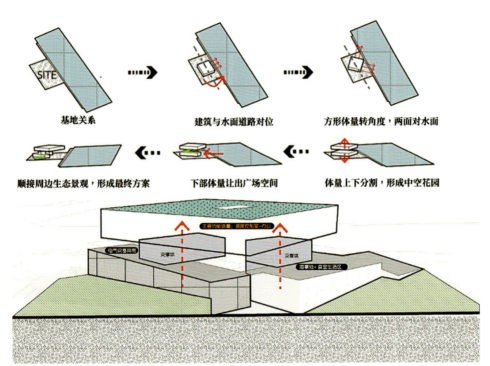

基地关系　　　　　建筑与水面道路对位　　　方形体量转角度，两面对水面

顺接周边生态景观，形成最终方案　　下部体量让出广场空间　　体量上下分割，形成中空花园

管理区效果图

驿站效果图

6.2.3 赵家沟东泵闸

建设单位： 上海市浦东新区生态环境局基建项目和资产管理事务中心
设计单位： 华建集团上海市水利工程设计研究院有限公司、华建集团上海建筑科创中心

赵家沟东泵闸工程位于浦东新区赵家沟入长江口处，担负着浦东北部地区除涝、引水调度、挡潮等重任，是浦东片目前在建最大的除涝泵闸工程。赵家沟东泵闸工程由节制闸及管理区两部分组成，其中节制闸净宽 30 米，泵站设计流量 90 立方米 / 秒。

设计理念

项目以"水之韵 · 砼之诗"为设计概念。"水"是"东方水都"上海永恒不变的主题，闸上建筑以"水"与"韵"相关之物象如贝壳、浮叶、海生物、海风琴等为形态模拟，塑造出具有流动感与节奏感的流线型建筑形态特征。选取与水相关的自然物象（如水纹、水物、水声）之强烈的韵律感，由此衍生出"韵"作为设计构思的次生原型，此外"韵"也构成设计形态生成的一种基本法则。"砼"是"水工建筑"最为常用的建筑材料，管理区建筑以"砼之诗"（诗意、诗性、诗心）作为构思理念，打造充满诗意的混凝土建筑。

设计亮点

提升美感，简洁高效且内外统一

闸上建筑以"水"与"韵"相关之物象，如贝壳、浮叶、海生物、海风琴等为形态模拟，以基本单元进行富于变化的音韵组合，以塑造出建筑具有流动感与节奏感的流线型形态特征；内外河两侧非对称的差异化造型处理提示出水流方向，使建筑具有了景观上的方向性。

赵家沟东泵闸鸟瞰图

　　管理区建筑通过"诗意的雕塑形体""诗性的极简空间""诗心的幻化光影"充分表现混凝土建筑的原生之美，并通过对场地内边角空间的充分利用，将自然环境与自然生物引入基地；此外利用水利工程中充满建构意味的混凝土预制构件"扭王块""扭工快"作为场所内的景观雕塑，以此来充分诠释充满质感的"砼之诗"的设计理念。闸上建筑单元式布局的形态组织方式以及结构外皮覆盖的不锈钢板幕墙，隐喻了城市基础设施简洁、工业与高效的性格特征；建筑形态与建筑内部结构、空间有机结合，以"V"字形混凝土排架柱形成结构骨架，各榀之间以钢支撑相连并设置采光外窗，塑造出充满光影与韵律的室内空间。

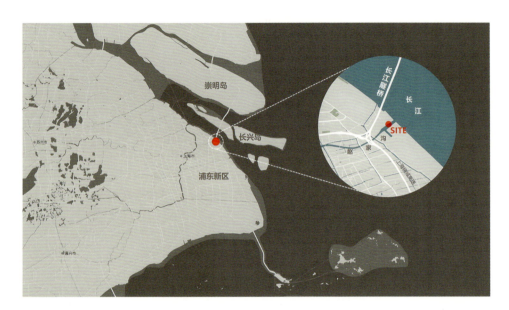

赵家沟东泵闸区位图

赵家沟东泵闸实景照片

环境友好，利用地势塑造生物栖息场地

项目位于自然环境与人造环境的混杂之地，周边景观条件复杂，泵闸上部建筑顺应河道轴线及水工轴线设计为对称布局（泵＋闸＋泵），整合并秩序化了周边空间结构与城市景观。管理区由于崇明线地下空间的介入而产生了两种方向，地上建筑顺势而为与地铁线走势结合，以几何元素将分散凌乱的各种地面建筑与设施重新统筹整合为一体。

赵家沟管理区与崇明线出地面设施的整合，不仅使水利基础设施与交通基础设施在空间、形体、结构走向上形成缝合与联动，还有效实现了两种基础设施在用地上的交叠与复合，减少了两种基础设施各自独立的占地，以避免更多占用周边绿地，促进了地区整体用地格局的集约与高效。

管理区建筑通过"扭王块""扭工块"等设施的布置，为自然动植物提供生长或繁衍栖息的场所。此外屋面局部的高低与层数变化通过女儿墙补齐，不仅为建筑室外设备（如空调外机）的设置提供了遮蔽，还为野生鸟类提供了驻留做窝的空间。

赵家沟东泵闸实景照片

6.2.4 黄浦江中上游防洪能力提升工程（一期）

建设单位：上海市堤防泵闸建设运行中心
总体策划单位：上海市城市规划设计研究院、上海市园林设计研究总院有限公司、
　　　　　　　上海市水务（海洋）规划设计研究院、上海市水利工程设计研究院有限公司
总体工程设计单位：上海市水利工程设计研究院有限公司、上海勘测设计研究院有限公司

黄浦江中上游段自三角渡至徐浦大桥，全长约 48 公里，上游段防汛墙按照 100 年一遇防洪标准和历史最高水位设防，中游段防汛墙按照 1000 年一遇防潮标准（84 标准）设防。工程设计体现"生态、优美、活力"导向，灵活采用两级堤防、复合堤防等堤防结构和融合、消隐等设计手法，实现黄浦江滨水公共空间贯通和品质提升。

市域蓝色网络重要组成： 区域发展格局方面要求加强淀山湖周边湖泊群、黄浦江上游及全市郊区水系空间保护，恢复河道水系功能，形成市域蓝色网络。

滨水开放空间重要载体： 一是蓝绿交织的宏观尺度的滨水生态走廊。二是和谐共生的韧性城市建设样板。三是开放共享的人民城市生动实践。规划形成"一江五岸段，双心八节点"的总体空间结构，对防汛堤采用融合、消隐等设计手法，打造可游憩、可漫步、可亲水堤岸空间。

生态空间的保护廊道： 未来黄浦江松江段将以生态功能为特色，在保障经济发展的前提下，以生态保育功能为主，结合郊野公园、乡野公园以及田园综合体的建设，构筑黄浦江生态旅游景观带，同时为大型的生态旅游项目预留空间。

黄浦江中上游堤防防洪能力提升工程通过实施堤防加高加固，消除安全隐患，提升黄浦江中上游堤防防洪能力，完善太湖流域防洪体系，保障城市防洪除涝安全，拟分两期实施推进。一期工程位于松江区，西起三角渡、东至千步泾、女儿泾，涉及堤防长度约 53.92 公里，同步实施绿化、防汛通道等工程。

总体空间结构图

规划定位

上游段：国际大都市生态文明建设实践区

黄浦江建设的总体定位是建设具有全球影响力的世界级滨水区，其中上游段建设定位是国际大都市生态文明建设实践区，打造具有宏观制度的区域生态走廊，利用上海稀缺的自然生态郊野资源集聚区和阡陌交错、星罗棋布的江南水乡特色，将工程打造为上海践行生态文明、引领乡村振兴的最佳实践区。

黄浦江中上游堤防防洪能力提升工程（一期），践行习近平总书记"生态文明思想"和"人民城市理念"，以"韧性堤岸，人民浦江"为目标愿景，打造集"安全、生态、共享、文化、智慧"于一体的绿色堤防。

风貌导引

"一廊一轴、五带四片"的空间结构

松江滨江区块，建设"山水乐源，生态茸城"。形成"一廊一轴、五带四片"的空间结构。"五带"为青松生态廊道、黄浦江生态廊道、近郊绿环、油墩港生态带和洞泾港生态带；全区以城市公园为龙头，地区公园为骨架，社区公园为基础，郊野（乡野）公园为亮点，城市社区 400 平方米绿地、广场等公共开放空间 5 分钟步行可达覆盖率达到 100%。其中，松江滨江上游定位为以完善生态廊道建设为主的生态涵养岸线。

两大风貌段：生态涵养段、城畔乡野段

规划围绕功能导向、景观风貌、堤防设计等方面等提出分段规划指引。

生态涵养段（三角渡至小横潦泾）：位于黄浦江干流源头段、二级水源保护区内，以低干预、低影响的理念维护生态原真性和完整性，突出生态保育功能，保护沿线林水相依、林田交织的风貌特点，引导成为黄浦江最自然、最生态的水岸空间。

城畔乡野段（小横潦泾至千步泾）：位于松江新城以南滨江地区，以自然生态为导向，突出大江大河烟波浩渺的壮阔之美、生态廊道田园郊野的野趣之美和城镇乡村与大自然的和谐之美，结合松南郊野公园、米市古渡等提升郊野游憩功能。

建设韧性的**安全之堤**

回归自然的**生态之堤**

重塑活力的**共享之堤**

传承匠心的**文化之堤**

数字赋能的**智慧之堤**

黄浦江一期功能定位图

黄浦江一期鸟瞰图

黄浦江一期沿岸效果图

黄浦江一期效果图

防汛屋

景观建筑设计单位： 上海市水利工程设计研究院有限公司、华建集团华东建筑设计研究院有限公司

新建永丰街道段防汛屋、泖港镇段防汛屋，总建筑面积 1195 平方米。

设计理念

江南风格建筑的粉墙黛瓦、檐廊、木格栅，往往是中国传统建筑画卷中最写意的部分。本方案灵感汲取自水岸边江南风格的建筑，整体建筑外观采用简单又富有江南韵味的山墙外观以及灰白色坡屋顶。

设计亮点

艺术点亮，激活设施的表现力

建筑体块简洁，通过错落的结构形式创造出独特的城市体验，也让建筑真正与人互动起来。不同的入口空间，可以实现与周边环境相适应。建筑的设计体现了江南建筑元素，有利于提升审美体验，使之成为公共环境中的"艺术品"。

项目区位

设计意向

防汛屋设计效果图

赵家沟东泵闸人视效果图

苏州河西闸人视效果图

淀东水利枢纽泵闸人视实景图

6.3 清渠如许的源头保障

6.3.1 杨树浦水厂

建设单位：上海城投水务（集团）有限公司
设计单位：上海市政工程设计研究总院（集团）有限公司、华建集团历史建筑保护设计院

杨树浦水厂位于杨树浦路 830 号，紧邻东方渔人码头，占地面积 12.9 万平方米。水厂始建于 1881 年，是中国第一座现代化的自来水厂，也是一处兼具功能性和历史性的重要文化遗产，具有非常重要的科学、历史、艺术、社会价值，并于 2013 年被列入第七批全国重点文物保护单位，2018 年入选中国工业遗产保护名录第一批名单。已运行近一个半世纪的杨树浦水厂，现存在净水工艺比较落后、运行参数不合理、池型构造不规范、无排泥水处理等一系列问题。为改善民生，提高居民幸福感，亟需改进杨树浦水厂制水工艺，以提升上海市民用水质量。因此，于 2020 年开始开展杨树浦水厂实施深度水处理改造工程，包括新建 84 万吨 / 天深度处理系统和排泥水处理系统，并对现有设施设备进行改造。工程主要内容包括新建综合池、砂滤池、后臭氧接触池、中间提升泵房、清水池、排泥水处理设施等；改造平流沉淀池、滤池及电气、仪表及自控、生产管线、道路、绿化等配套设施。

杨树浦水厂实景鸟瞰图 © 吕勇

设计理念

为更好地保护杨树浦水厂这一珍贵文物，延续其使用功能，更新其各项工艺，使其继续向市民提供更健康的水源，完善作为工业遗产的使命，项目坚决贯彻"保护第一、加强管理、挖掘价值、有效利用、让文物活起来"的新时代文物工作方针，尽力在保证文物本体安全性、真实性，历史环境完整性的同时，充分发挥其社会价值，尽最大可能实现杨树浦水厂的协调发展，使之得到有效利用和延续。

设计亮点

社区关怀，连接滨江公共空间

为配合黄浦江两岸 45 公里公共空间贯通开放，在水厂亲水区域，杨树浦水厂将原水管向内移动 5 米，并在滨江架设一座 550 米长的栈桥，在贯通公共空间的同时，为杨树浦水厂的文物建筑提供了极佳的观赏点。

彰显文化，最小干预的针灸式更新

在保证文物安全和历史环境真实性前提下进行深度水处理改造是项目的原则。为此生产工艺在规划上采取"降低产能"这一重要的决策。尽可能减少改造规模、减小构筑物的体量，保证水厂整体布局基本不变。

制水工艺的更新升级尽可能利用现有文物建筑和水池等设备设施，减少新增设备设施，避免对历史环境的扰动；对更新的水池，采用选址更新的方式，不超过现有水池的外轮廓线，保持现状场地的路网结构和整体布局。同时减少基坑开挖深度，减少震动，实施相应保护措施，确保文物本体的安全。

修缮设计团队与市政团队密切配合，以保护为前提，对改造工程涉及的 5 栋文物本体（甲组滤池、乙组滤池和反冲洗机房，保持着较为完整的水处理流程的丙组滤池和 7# 沉淀池）局部改造以适应新的工艺流程。

杨树浦水厂滨江栈桥

6.3.2 闸北水厂

建设单位: 上海城投水务（集团）有限公司
总体工程设计单位: 上海市政工程设计研究总院（集团）有限公司、华建集团历史建筑保护设计院
景观建筑设计单位: 上海大舍建筑设计事务所

闸北水厂位于闸殷路以东、清水河以南，始建于 20 世纪 20 年代，水厂中老办公楼、出水泵房和水塔被列为区级文物保护建筑。水厂内部建筑覆盖率较高，周边用地资源缺乏，水厂的深度处理改造难以实施。为落实本市水厂的深度处理要求，闸北水厂改建工程利用闸殷路以西现状久事公交闸殷路停车场地块及规划绿地、局部河道等土地，在不停水的条件下改建为具备深度处理工艺的水厂，闸殷路以东改建为闸北水厂历史风貌展示部分。

设计理念

项目总体设计策略为"历史遗存、周边环境、整体街坊"三个圈层。以文物建筑为核心，由点到面，由内而外，层层推进，结合新建建（构）筑物以及城市环境景观，打造兼具功能性、文化性、历史性、当代性和艺术性的"百年水厂"。

设计亮点

彰显文化，延续历史风貌

保护修缮文物建筑，提升周边环境景观，传承历史，延续文脉为本次设计的核心宗旨。水厂内现存百年建筑 3 座，分别为老水塔、老泵房和老办公楼，均为杨浦区文物保护建筑。根据总体规划，老水塔将作为观赏性地标，出水泵房维持现状功能，老办公楼将承载办公、展览展示功能。周边景观进行提升优化，形成庭院空间，供市民与水厂工作人员休憩游玩。

整体鸟瞰效果图

厂东新增建（构）筑物在设计上兼具工业设施性和文化艺术性，造型综合既有文物的立面砖和工业建筑常用的混凝土材质，通过水平体量的漂浮叠加手法，呼应文物建筑"屋顶—支撑—基座"的传统构成方式，实现传统与当代、文化与功能的融合。

环境友好，环境低扰，绿色生态

项目采用海绵厂站设计，满足城市总体规划、专项规划等相关规划提出的低影响开发控制目标与指标要求，并结合土地利用等条件，合理选择单项或组合的以雨水渗透、储存、调节为主要功能的技术及措施，做到因地制宜，经济有效，方便易行。

在用地紧张的情况下，尽可能增加植物绿化，强化生态韧性，在厂内建设立体绿化、海绵城市，并充分利用优化周边绿化地带。

安全韧性，兼顾设施安全和场所安全

闸北水厂日供水量 28 万吨，承担了杨浦、虹口、宝山等地区的生活用水和工业用水，是区域内至关重要的基础设施。因此设计以保障设施及周边环境安全为底线，从厂区外围和内部同时出发，建立安全厂区，提高城市安全韧性。在外围，通过围墙和电子安保设施来维护闸北水厂的安全运行，降低额外的安全风险；在内部，将主生产区的大型设施——沉淀池和综合滤池布置于远离城市界面的内侧，将管理区、辅助生产区以及部分小型设施布置在文物保护区周边来与城市空间建立关系，在维持水厂自身安全运行的同时，也保护城市空间不受厂区内部生产活动的侵扰，并使厂区和城市之间能相互借用景观资源。

闸殷路界面效果图

原老水塔、老泵房、老办公楼

修缮后的老水塔、老泵房、老办公楼效果图

6.3.3 虹桥污水厂

建设单位： 上海城投水务（集团）有限公司、上海城投水务工程项目管理有限公司
设计单位： 上海市城市建设设计研究总院（集团）有限公司

虹桥污水厂位于苏州河以南，田度废弃物综合处置中心及地铁车辆段以西、许浦港以东。虹桥污水处理厂工程的建成，切实提升了地区污水收集和处理能力，有效解决了虹桥商务区日益增长的污水处理需求，同时也为天山污水厂功能调整创造了条件；同时项目的建设也进一步完善了虹桥商务区及白龙港片区的污水系统布局，提高了污水处理系统的可靠性和安全性，并促进苏州河及周边水域的生态环境改善。同时也实现了上海市全流程封闭型、厂内外运行智能化控制、近远期污水处理量兼顾、融合海绵城市功能、绿色低碳环保的特色水厂。此外，回用的中水也将为用户带来良好的经济效益。虹桥污水处理厂占地面积约 11.5 公顷。污水厂设计规模为 20 万吨/日，另包括污水调蓄池 1 座，并配套建设污水进厂干管及总管。污水厂服务面积达 67 平方公里，服务人口超 50 万人。

设计理念

总体方案统一布局，突出重点，注重厂区与周围环境的和谐统一，充分考虑通风、采光、人流和物流通道等因素，通过在污水处理厂一体化构筑物厂房上方设置屋顶绿化，在屋顶绿化设计充分融入雨水花园、砾石系统、生态排水沟、生态屋顶等，将虹桥污水处理厂全面打造成具有"海绵城市理念""绿色低碳""环境友好"的新型污水处理厂。

虹桥污水厂鸟瞰效果图

设计亮点

虹桥污水处理厂充分考虑集约节约用地，将全厂所有污水处理工艺用房、体量巨大的调蓄池等，整合在一块"绿宝石"中，对比建设部二级污水处理厂（含深度处理）的建设用地标准，减少了 8 公顷的占地面积。在污水处理技术升级的同时，优化设备选型，基本消除臭气；补充自然进风和采光，采用智能照明系统与中水回用系统等方法，建成绿色低碳、高效能的半地下污水厂。最令人眼眸一亮的是，虹桥污水处理厂以完整的绿植覆盖了屋顶"第五立面"，具备排气功能的排气筒"意外"给往来迁徙的鸟儿提供了停驻空间，甚至筑巢繁衍；屋顶绿植之中，芦苇荡荡漾如浪，给人们提供了一处亲近自然的场所；蜿蜒的漫步道上时不时可以看见飞鸟成群，抑或飞机掠过，凸显出独特的地理特征；厂区建筑的四周立面上适度设计为假山瀑布，这些生态化的设计手法，使虹桥污水处理厂极大地改善了邻避效应，成为可持续发展的典范。

生态绿植

健康步道 © 周菁

组合式屋顶绿化 © 周菁

虹桥污水厂实景 © 周菁

6.4 截雨引水的动力引擎

6.4.1 中央商务区排水泵站

建设单位: 上海市城市排水有限公司
工程设计单位: 上海市政工程设计研究总院(集团)有限公司
景观建筑设计单位: 上海原作建筑规划设计有限公司

中央商务区排水泵站位于上海市黄浦区,苏州河南侧,北至南苏州路,南至厦门路。中央商务区排水泵站改造工程是上海目前在建规模最大的合流系统提标改造工程,工程分为地下和地上两部分建设内容,地下部分为合流泵房的下部构筑物及初期雨水调蓄池,地上部分为合流泵房的上部建筑、泵站管理用房等附属设施,泵房上部景观体系与街坊内其他地块建筑衔接并向公众开放。

设计理念

中央商务区排水泵站工程面临诸多难点:总管沿线历史建筑众多,道路交通繁忙;泵站用地面积小,布置局促;泵站基坑深度深,临河施工风险大;区位重要,对工程景观要求高。

设计以打造"老黄浦底色,新都市客厅"为理念,将传统设计中景观包围基础设施、景观叠合基础设施进化为功能散布景观之上,并且在基础设施景观化的基础上叠合里弄文化,并与相邻地块通过多个连廊相连,高度复合基础设施、形成公共绿地和里弄肌理复合的空中里弄花园,延续苏州河文化,提升苏州河第一立面品质,实现市政设施与城市功能叠合。

中央商务区排水泵站鸟瞰效果图

设计亮点

环境友好，覆土屋顶花园增加绿量

在泵站一层混凝土结构楼板之上覆土设置屋顶花园，花园北侧通过楼梯与南苏州路步行体系相接，西侧通过景观连廊与相邻的 135-02 地块建筑屋面连通。

安全韧性，提高地区防汛排涝能力

通过泵站及配套工程的建设，可将系统服务范围排水标准由 1 年一遇提高到 3 年一遇，切实提高地区防汛排涝能力，减少暴雨积水事件的发生，同时改善区域初雨面源污染与水环境质量。

提升美感，为苏州河打造富有层次的立面

作为"苏州河第一立面"的重要组成部分，泵站主体建筑在原有"方盒子"的基础上结合景观、功能和文化表达的需求重新演绎。以悬挑檐廊形式的休憩空间取代了原有的垂直的沿街建筑立面。

彰显文化，融合里弄元素

通过功能整合、小品设计等将传统里弄肌理的抽象转译形成丰富的第五立面。由多层次的坡屋顶设计、以里弄建筑元素演绎过的钢结构棚架以及的种植体系共同构成了充满上海风情的"空中里弄花园"。

社区关怀，打造市民休闲活动场所

中央商务区泵站将基础设施建设与公共空间结合，建立竖向多层次的功能体系。135 街坊屋面开放，将一层苏州河侧沿街区域开放为泵站咖啡驿站，二层局部房间开放作为泵站科普展览馆，为周边居民创造高品质的休闲活动场所。

改善邻避，减少对周边的负面影响

在排水泵站工艺方面，泵房上部建筑二层设置除臭设备间，对工艺气体处理后高位排放，避免对公众活动产生消极影响，同时屋面设置的钢结构种植棚架进一步减少泵站对周边居民生理和心理上的影响。

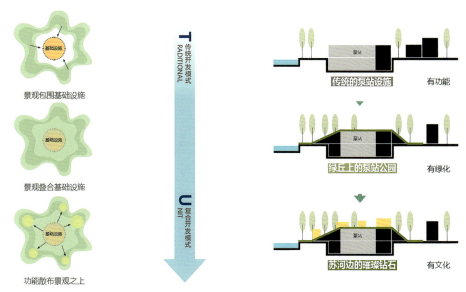

设计理念示意图

泵站屋顶效果图

6.4.2 洋泾雨水泵站

建设单位：上海市浦东新区生态环境局基建项目和资产管理事务中心
工程设计单位：上海市城市建设设计研究总院（集团）有限公司
景观建筑设计单位：刘宇扬建筑设计顾问（上海）有限公司

洋泾雨水泵站位于北洋泾路东侧、规划滨江路及昌邑路之间，服务于泾西（北块）排水系统，服务面积约 0.91 平方公里，排水体制为分流制，采用强排模式，主要内容包括雨水泵站和初期雨水调蓄池。

设计理念

设计通过高差处理衔接周边慢行贯通体系，在建筑材质色彩上呼应河对岸老厂房，采用陶土砖幕墙系统，塑造建筑的体量感，提升基础设施的立面品质。

设计亮点

整合联动，缝合高差，连接慢行

洋泾雨水泵站东侧为昌邑路桥，南侧为滨江步道，标高为衔接周边步行环境，设计采用低介入地面通行方式连接周边环境，建筑体量维持 14.5 米高，由昌邑路桥连接至建筑背面 6.0 米标高处地面，在建筑两侧 6.0 米至 4.8 米堆坡处设自然坡道，将慢行贯通道布置在建筑背后（东侧），由于贯通道路为地面道路，仅做景观化处理，以较低的工程代价实现贯通。

环境友好，融入滨江公共空间

泵房的功能赋予了建筑一种"综合体"的特性，它并不依赖单一的人群或者行为而生存；而"亲水性"又是这个项目一直围绕的核心。建筑的定位已经不局限于

洋泾雨水泵站鸟瞰图

满足使用功能，而希望通过与城市防汛通道的结合，把自身打造成一个小型的港岸综合体。由于场地的限制，建筑体块局促，设计师将建筑进行了细微的前后搓动，并利用楼梯间设计了屋面的装饰墙体，屋面设计有大片的屋顶绿化。

提升美观，砖砌表皮展现建筑美感

砌砖仅仅是一个表皮的覆盖，而这层表皮的覆盖却大大增加建筑的魅力，同时因为砌砖本身的厚度，也很好的给建筑提供了一个保温隔热的皮肤。砖块与墙面的光影轻轻混合在一起，形成了柔和的"同质墙面"。建筑师通过砖块间的充气空间减少了墙面流入建筑的热量，与雨水泵房的气质相得益彰，解决其热学问题的同时表达了建筑的美感，简洁的材料体现了谦逊、亲切、细腻和忍耐等品质。

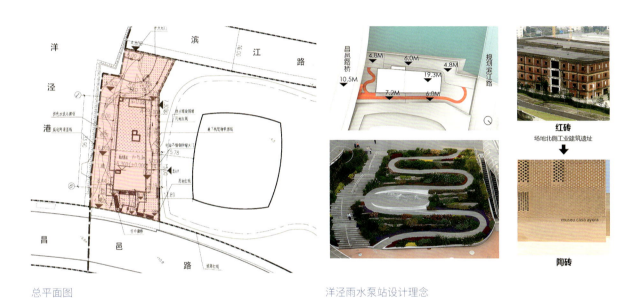

总平面图

洋泾雨水泵站设计理念

沿河休憩效果图

6.4.3 泰和西原水泵站

建设单位：上海城投原水有限公司、上海城投水务工程项目管理有限公司
工程设计单位：上海市政工程设计研究总院（集团）有限公司
景观建筑设计单位：上海有客建筑设计有限公司

泰和西原水泵站属宝山区顾村镇，位于外环线 (S20) 与沪太路立交交叉口附近，总用地面积 13362 平方米。作为双向增压泵站，泰和西泵站既可将青草沙原水接力增压后自向南输送至南部城区以满足虹桥、闵行等水厂原水需求，亦可在咸潮期将黄浦江原水接力增压后自南向北输送至北部城区补充陈行原水系统应对咸潮。

设计理念

泵站设计以"水韵新生"为整体设计理念。通过塑造"原水的生命引擎"，从来自自然的"生命之源"到代表人类文明的"城市之水"，最后到居民日常的"生活之水"，泵站是整个供水流程的动力之源，设计提取水流被抽取的激荡动态，谱写泵站作为供水动力之源的"生命赞歌"。

区位图

设计亮点

提升美感，多样手法塑造"水"立面

水韵新生，激活市政建筑新生机。从流水的形态提取立面装饰形式，泵房立面上采用前后错落的曲面金属板隐喻"激荡的原水形态"，竖向的穿孔板通过孔隙率的变化，形成流水的变化效果，隐喻"水流不息"。配电间立面采用简洁的 GRC 格栅，衬托主体泵房。工业与艺术相结合，彰显市政建筑新形象。整体造型利用不同体块和材质的组合使体积感更为强烈，粗重的仿混凝土 GRC 材质和轻盈的铝板对撞形成虚实转换，承载"水"这一元素，阳光的照射也使建筑形体的意向更加强烈，隐喻茂盛的生命力。

鸟瞰效果图

配电间 GRC 格栅立面

立面效果图

6.4.4 浦东机场四期扩建工程配套泵站

建设单位 上海机场（集团）有限公司
设计单位 上海市政工程设计研究总院（集团）有限公司、上海建筑设计研究院有限公司

该项目为 2022 年开工的浦东机场四期扩建工程中的附属配套部分，主要包含四个子项，子项 1 为 B2 合建泵站、35kV 航北站，子项 2 为 B1 合建泵站，子项 3 为 N3 合建泵站、35kV 变电站，子项 4 为市政小区配套群。

设计理念

泵房、变电站等设备设施建筑，这一类型的建筑，通常给人的印象是灰暗冰冷的，综合考虑浦东机场不断发展创新的设计历程及浦东机场碧海蓝天的自然环境，设计希望呈现与时俱进，与自然环境、与现代化机场的发展紧密联系的市政建筑风貌。以"将自然引入空间，将人文注入环境"为设计理念，以"森林""原野""天空""云谷"四个主题展开设计。

设计理念图

浦东机场四期扩建工程于2022年1月开工，主要包括航站区、飞行区、旅客捷运、市政配套、新东货运区、**附属配套**等六大项目。

本项目为上海浦东国际机场四期扩建工程市政配套工程。位于浦东机场旁。**项目建设内容包括雨水泵房、35KV变电站、垃圾房、管廊等。**

① B2雨污水合建泵站
　35kV航北站
② B1雨、污水合建泵站
③ N3雨水泵站
　回用水取水泵站
　35kV变电站
④ 南新1#污水泵站
　燃气调压站和废水池、增压泵房
　浦东机场四期管廊出地面部分

子项分布图

▌"森林"：B2 合建泵站、35kV 航北站

子项 1 位于机场大道东侧临海区域，周边均为未来规划的物流仓储区，基地位置距离机场建筑群较远，周围环境绿色自然。子项 1 包括 B2 合建泵站、35kV 航北站，主要包含最大体量的 35kV 航北站及雨水泵站、污水泵站、垃圾房的小群体建筑。

设计亮点

提升美感，运用多种材料塑造轻盈质感

设计取意于"森林"，提取万木盎然的意向，形成简约的几何图形，结合金属穿孔板材料，应用在建筑立面之中，形成鲜明的地标感和场所感。金属板的轻薄通透与建筑砌体的厚重也形成了视觉上的对比差异，使建筑呈现一种漂浮轻盈质感。除了泵站建筑，还有起吊架及其他水泵管线等，设计主要采用钢结构的轻便与玻璃顶的通透质感，削弱原有混凝土起吊架的笨重疏离感，同时对原有硬质铺地进行了铺砖划分与景观细化，使整个场地更有人文氛围。此外，由于建筑位于机场，相比于其他建筑来讲应更注重第五立面，因此屋面光伏板的布置着重进行了图形组合，兼顾了功能的同时丰富了第五立面的效果。

子项 1 立面效果

▌"原野"：B1 合建泵站

子项二为 B1 合建泵站，主要包含雨水泵站、污水泵站及一个配套变配电所，基地位于经一路，北侧临海，周边也是未来规划的物流仓储区，西侧紧邻跑道，环境更为开阔自然。

设计亮点

环境友好，利用材质塑造亲近自然的怡人氛围

设计取意"原野"，提取田园原木的意向，将富有韵律变化的仿木格栅应用在建筑立面之中，通过木材质的应用，营造亲近自然的怡人氛围。设计对 18 米高的雨水泵房建筑体量进行消解，形成两个体块咬合穿插的关系，在局部使用了仿木格栅，在整体简洁现代的建筑色调中增加色彩层次，自然木色的使用也打破设施建筑固有印象，使其具有了一丝温暖性格。

271

变化后的建筑形体结合自身功能的开窗需求，进一步增强虚实对比，丰富建筑形象，增强建筑的通透感。对于基地内的地面泵房管线等构件，设计延续了主体建筑物的设计元素，通过仿木格栅与片墙的构成设计，形成了一个景观小品，转变成了环境中的点缀。

设计取意"原野"，提取田园原木的意向，将富有韵律变化的仿木格栅应用在建筑立面之中，通过木材质的应用，营造亲近自然的怡人氛围。设计对 18 米高的雨水泵房建筑体量进行消解，形成两个体块咬合穿插的关系，在局部使用了仿木格栅，在整体简洁现代的建筑色调中增加色彩层次，自然木色的使用也打破设施建筑固有印象，使其具有了一丝温暖性格。变化后的建筑形体结合自身功能的开窗需求，进一步增强虚实对比，丰富建筑形象，增强建筑的通透感。对于基地内的地面泵房管线等构件，设计延续了主体建筑物的设计元素，通过仿木格栅与片墙的构成设计，形成了一个景观小品，转变成了环境中的点缀。

子项 2 整体效果

▌ "天空"：N3 合建泵站、35kV 变电站

子项 3 包括 N3 合建泵站、35kV 变电站，主要包含 35kV 航北站及雨水泵站、污水泵站、垃圾房的小群体建筑。基地位于 T3 航站楼南侧，周边建筑较多，也有来自高处的视线，整体环境需要与现代的航站楼呼应，同时要着重第五立面的设计。

设计亮点

提升美感，多样设计手法统一建筑到构筑物到场地

设计取意"天空"，提取飞机的速度力量的意向，通过斜线在立面中的应用，打破建筑的平稳构图，形成蓄势待发的动态感。建筑立面中的梯形墙面设计，进一步增强了节奏与韵律感，隐藏墙面窗洞的同时，让建筑性格更加鲜明突出。基地内的构件设施也采用斜角线的折叠处理，在不同的光线下形成不同光影变幻。地面景观及屋顶太能板的设计，也延续了飞行速度、动态力量的元素展示，使整个区域从建筑到构筑物到场地的设计语言和谐统一。

子项 3 整体效果

子项 3 立面效果

▌"云谷"：市政小区

子项 4 主要为市政小区，市政小区是一个包含了能源中心、增压泵房、清水池、燃气调压站、非机动车停车场、220kV 变电站、水泵房及变配电所等市政设施的配套建筑群，其中能源中心为房建审批范围、220kV 变电站为本区域首发地块已经在建设，不在此次设计范围内。

设计亮点

提升美感，色彩对比和坡屋顶体现动态张力

设计取意"云谷"，取自云端山谷的意向，意为飞向云端，俯瞰山谷，将建筑的第五立面设计成为动态起伏的屋顶，为云端的视野增添一丝大地的波澜。考虑市政小区是一个建筑群，在设计时重点关注群体建筑外立面之间的风貌协调，通过屋顶和立面风格材质的协同处理，打造特点鲜明的市政建筑群。

对于立面，设计采用了灰色、白色和木色三种颜色，灰白两色对比强烈，现代感强，木色增加温暖细腻的质感。上下划分为两个层次，上部为竖向长条窗划分的白色墙面，下部为木色装饰板点缀的灰色墙面。上下部分形成对比，形成简洁轻盈的效果。

对于屋顶，设计在小体量建筑上采用了坡屋顶形式，并在局部设计屋顶绿化；在大体量建筑上采用了光伏图案及折型屋面的变化，削弱体量感的同时整体融合形成了连绵起伏的山丘，又像展翅翱翔的双翼，无论是在城市界面还是第五立面，都充满动态张力。

子项 4 整体效果

子项 4 立面效果

6.4.5 浦东新区黄浦江沿岸 4 座初雨调蓄池

建设单位: 上海市浦东新区生态环境局基建项目和资产管理事务中心
设计单位: 上海市城市建设设计研究总院(集团)有限公司

其昌栈、塘桥、张家浜、耀华初期雨水调蓄池建设工程均位于滨江东岸绿地内,为全地下式调蓄池,与绿地结合建设。调蓄池的建设能够保障地区防汛安全,截流初雨,改善水环境质量,是一项改善城市环境质量的民生工程,可以带来良好的环境效益与社会效益。其昌栈调蓄池位于荣成路、滨江大道东北侧;张家浜调蓄池位于浦明路、潍坊西路西北侧;塘桥调蓄池位于塘桥渡口南侧;耀华调蓄池位于耀江路、耀华路西侧。

设计理念

滨江东岸景观建设品质较高,步道、驿站、绿化等功能全面,细节丰富,各段各有特色。总体景观设计原则以恢复现状为主,出地面构筑物适当结合各区段特点,融入文化。

区位图

其昌栈调蓄池鸟瞰图

张家浜调蓄池鸟瞰图

塘桥调蓄池鸟瞰图

耀华调蓄池鸟瞰图

274

设计亮点

环境友好，设施消隐于绿化

其昌栈调蓄池采用绿化消隐式风井，该调蓄池范围内现状绿化植被丰富，调蓄池建成后将按原样恢复绿化景观，调蓄池风井完全位于绿化中，且隐蔽性较高，该风井的景观美化，采用 5 面全绿化覆盖的形式，使风井消隐绿化中。

耀华调蓄池采用绿化构筑式风井，该调蓄池风井离人活动区域距离较远，后续绿化恢复后，风井藏于林地中，采用自然式木纹质感垂直绿化的消隐形式，外包装饰风井。

彰显文化，融入船运历史元素

塘桥调蓄池采用小品构筑式风井，融入沙船元素。沙船的外形方头方尾，是中国典型的平底帆船，干舷低，梁拱大，尾部有长出梢。其艉部明显高于艏部，低平的船首便于下锚寄泊。沙船代表上海港，作为主题元素纳入上海市徽中，体现着沙船与上海深厚的历史渊源。

张家浜调蓄池采用小品构筑式风井，风井采用具象形雕塑外包装饰，以煤炭装卸码头为主题，与该段滨江内的其他雕塑小品风格统一，故事统一。

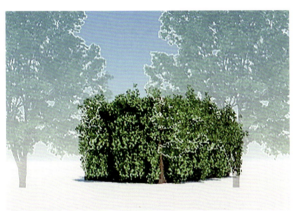

其昌栈绿化消隐式风井

耀华绿化消隐式风井

塘桥小品构筑式风井

张家浜小品构筑式风井

第7章 活力基石 环境共融

本章为城市基础设施中能源系统和环保环卫系统的实践项目，其中城市能源系统包括供电工程和燃气工程两大类（上海没有集中供热工程）。

城市供电工程系统由电源工程、输配电工程组成。城市电源工程主要包括城市电厂、区域变电站（所）等电源设施。城市输配电工程由输送电网与配电网组成。其中，城市输送电网具有将城市电源输入城区，并将电源变压进入城市配电网的功能；城市配电网由高压、低压配电网等组成。

城市燃气工程由燃气气源、储气气源、输配气管网等组成。城市燃气气源包含煤气厂、天然气站、石油液化气气化站等设施；储气设施包括各种管道燃气的储气站石油液化气的储存站等设施；输配气管网包含燃气调压站、不同压力等级的燃气输送官网、配气管道。

7.1 稳固高效的电力枢纽

7.1.1 甘肃 110kV 变电站

建设单位: 上海华筵房地产开发有限公司
设计单位: 上海电力设计院有限公司

甘肃 110kV 变电站位于黄浦区苏河湾绿地内，东邻福建北路，北邻天潼路，南邻苏州河，是上海市电网内的 110/10kV 降压变电站。该站为全地下站，按无人值班智能变电站建设，主变压器本体与散热器为一体化布置，建设规模为地上一层，地下三层，其中地上面积 492 平方米，地下面积 6268 平方米，地下部分和商业、地下车库毗邻。

设计理念

甘肃 110kV 变电站设计理念与苏河湾万象天地相呼应。苏河湾万象天地设计思路为内开放式的商业空间与公共式的绿地公园交相融合，自然生态与商业内容、历史文脉与现代生活的无边界融合与立体多层交互，以"城市峡谷"为设计理念，将公园作为城市公共空间主导的设计方案：地下商业空间占据"峡谷"的部分，有着非常自然的流动性，体现了公园与商业空间融合的理念。

在此理念和整体布局下，甘肃 110kV 变电站地上的变电站设计为两座错落有致的"山峰"，与地下商业空间的"峡谷"遥相呼应，突出空间上的层次感，在上海市中心呈现出一个全新的公共空间。

整体鸟瞰图

278

设计亮点

改善邻避，消减对周边的负面影响

首先，在建筑体量上，变电站设计与绿地融为一体，整体体量都藏于苏河湾绿地的地下，地上仅一层。地上部分在绿植的环绕下，巧妙与绿地融为一体，成为绿地内的独特风景，有效地避免变电站建成后可能带来的"邻避效应"。目前该地块已完全建成，成为市民喜爱的网红打卡点之一。

其次，在外观上，变电站设计引入商办建筑表皮，提升颜值，地上部分的表皮采用与华润万象天地商业综合体表皮相同的铝板，建成效果变电站与万象天地遥相呼应，彰显整体的和谐之美与丰富的层次感。

上左：正视图　上右：侧视图　下：俯瞰图

7.1.2 市北寿阳 110kV 变电站

建设单位：国网上海市电力公司
工程设计单位：上海电力设计院有限公司
景观建筑设计单位：上海现代建筑装饰环境设计研究院有限公司

市北寿阳 110kV 变电站，位于寿阳路江场路市北绿地内，周边以商业、办公园区、居住区和生态绿地为主。变电站为独栋建筑，占地面积约 2402 平方米，地上两层，地下一层，由主变油坑、主变室、配电装置室、电抗器室、电容器室等组成。

设计理念

市北寿阳 110kV 变电站以"十字纵横，点亮街区"为设计概念。项目引入"街道"概念，打造"宽窄不一，纵横交错"的意向。变电站外墙采用深色的涂料，营造出"大地"形态；材质选用自然切割的白色穿孔铝板，形态微微翘起，犹如一片片"城市街区"的肌理漂浮于上方，整体效果轻盈整洁。

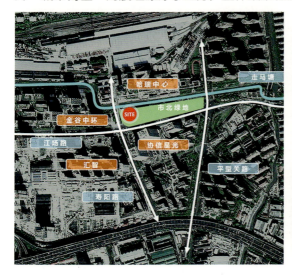
区位图

鸟瞰图

滨河透视图

设计亮点

改善邻避，消减对周边的负面影响

设计采用弱化与引入两个策略改善人们变电站的刻板印象。

首先是弱化原建筑外墙，立面使用统一色调的深灰色涂料，将变电站立面上的通道、风口进行整体涂装，视线上弱化建筑的压迫感，有效改善避邻效应。

其次引入友好的立面元素，选用白色哑光穿孔板，白天表现出整洁、统一的街景，夜晚来临，也能诠释通透、亮化的效果。漂浮于外墙上，虚实效果自然渗透，彰显建筑的秩序感。

绿地透视图

沿街正面透视图

7.1.3 枫桥路口配电站

建设单位: 上海市普陀区市政工程建设中心
设计单位: 上海有客建筑设计有限公司

枫桥路口配电站位于枫桥路、曹杨路交叉口，紧邻普陀区曹杨新街道社区受理服务中心，项目由配电站及周边街道景观两部分组成，配电站尺寸长为 13.7 米，宽为 4.4 米，高为 6.5 米，街道景观占地面积约 635 平方米，为配电站周边及街道受理中心入口的街道景观。

设计理念

配电站以"重构城市中的雕塑意义"为设计出发点，将城市配套设施—配电站重构为城市雕塑景观。配电站立面整体运用横向格栅元素，在本来不大的人行道尺度上，消减建筑的体积感，削弱大体量造成的压迫，再加上局部的灯带，营造夜间通透感。主侧面采用拉丝不锈钢，结合"塔"状楼梯，增加空间层次。色彩上局部运用红色铝板，与现有街道办建筑形成呼应。

街道景观以"开放的城市花园客厅"为设计主题，结合配电站、非机动车停车区域和社区服务入口大台阶，设计成层层景观退台，打造成曹杨新村街道社区事务受理服务中心的开放门厅。

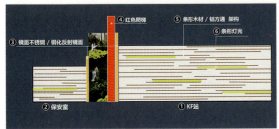

效果示意图

设计亮点

改善邻避，以简洁的手法重构传统的城市配套设施

设计采用弱化与引入两个策略、改善人们对变电站的刻板印象。首先是弱化原建筑外墙，立面使用统一色调的深灰色涂料，将变电站立面上的通道、风口进行整体涂装，视线上弱化建筑的压迫感，有效改善避邻效应。

其次引入友好的立面元素，选用白色哑光穿孔板，白天表现出整洁、统一的街景，夜晚来临，也能诠释通透、亮化的效果，漂浮于外墙上，虚实效果自然渗透，彰显建筑的秩序感。

整合联动，街道景观与设施一体化设计

街道景观运用暖色的色调，采用修饰钢板，结合绿化景观、入口台阶，形成开放的城市客厅。配电站和周边景观结合，将该区域的街道界面重新打开，形成开放的、艺术性的街道文化。

现场实景图

7.1.4 花溪路棠浦路口配电站

建设单位：上海市普陀区市政工程建设中心
设计单位：上海有客建筑设计有限公司

花溪路棠浦路口配电站工程，位于花溪路棠浦路交叉口附近的城市街角公园内，紧临城市河道、河边休闲亭，配电站尺寸长为 15.6 米，宽为 9.95 米，高为 8.35 米。

设计理念

项目以"滨河的艺术盒子，虚实的环境映照"为设计概念。设计整体运用空间构成美学的方式，形体上做凹凸变化，在丰富立面的同时，弱化配电站的整体体量，更好地融入整个环境中。

设计亮点

改善邻避，营造和谐、舒适、宜居的城市环境

项目综合考虑配电站、街边游园、凉亭河道与场地的整体协调统一，以简洁大气的手法处理立面，融合城市整体的氛围色彩。设计使用大量的"横向线条"感的格栅元素与"竖向线条"限定元素，将建筑实体进行"虚实结合"的处理，进一步弱化其体量感。适当的镜面不锈钢材料能够若隐若现地反射周围"游园""凉亭""河道"等景色，以艺术构成的方式，在城市街角游园中画出一个艺术品，与周围环境达到"和谐统一"。

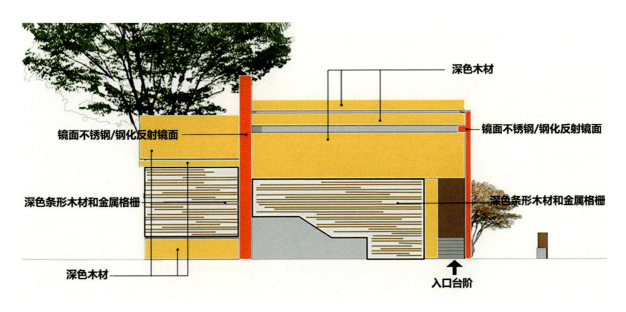

立面示意图

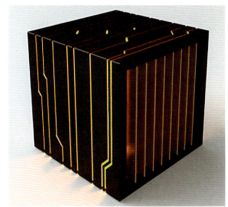

虚实结合 　　　　体块交错 　　　　线条流向

设计理念图

实景图

7.2 环保节能的资源再生

7.2.1 生物能源再利用三期

建设单位：上海老港固废综合开发有限公司
工程设计单位：上海市政工程设计研究总院（集团）有限公司
景观建筑设计单位：上海博风建筑设计咨询有限公司

上海生物能源再利用项目位于浦东新区老港生态环保基地，是构建上海生活垃圾全程分类体系的重要设施，是上海市生活垃圾全程分类体系"补短板、提能力"的重要项目，上海市"十四五"期间重点工程项目之一，也是推进垃圾分类，实现生活垃圾资源化、减量化、无害化处理的重要举措目标和任务，对上海市的生活垃圾分类具有重大意义。

项目周边已建成有生物能源再利用一期、二期、再生能源利用中心、填埋场、医废处理设施、建筑垃圾资源化处置设施、渗沥液处理厂等项目。三期工程设计规模为 2000 吨／天，建成后湿垃圾总处理能力达到 4500 吨／天，成为全球规模最大、资源化水平最高的湿垃圾处理设施。

设计理念

在生物能源再利用一、二期的基础上，项目沿用"预处理＋高低浓度协同厌氧"的主体工艺、沼气提纯制备 CNG，并在有机残渣处理上探索黑水虻养殖、制备有机肥原料等工艺。园区规划及景观设计以"生物能源之丘"为理念。一方面以"拾阶而上的绿色山丘"串联起一、二、三期，将此三期北侧的生态公园作为大众参观、认识、理解生物能源再利用的起点。另一方面，设计以三期独有的黑水虻养殖车间为总体布局的核心，以绿丘环绕，在保证物流及生产安全的基础上，让城市基础设施景观化、公共化。

设计亮点

可持续性：地景生态公园＋能量循环之丘

二、三期之间利用既有引水渠与覆土建筑打造地景生态公园，以此作为衔接一、二、三期的空间锚点。三期主体工艺采用干、湿协同，实现有机物料的"全量厌氧"，辅以三相固渣生物养殖、沼渣堆肥、沼气发电、油脂回收等多元深度资源化技术，形成多种环保产品。其中的虫品、虫粪与沼渣碳基有机肥等将在生态公园的土壤改良、动植物培植中，实现湿垃圾从自然界来到自然界中去的生态循环。公众也借由这个能量循环的生态公园对生物能源再利用形成直观认识。

数字赋能：元宇宙和 OBIM 智能运维

项目搭建元宇宙和 OBIM 智能运维应用平台，接入生产监控实时数据，打造可视化的数字工厂。通过数字化手段，监控生产运营状态，跟踪分析关键运营指标，实时优化调整运营参数，降低运营能耗，以设备全寿命周期管理为主线，实现从采购至安装、调试、运行报废等全过程智能运维管理。环保宣教走廊通过中控大屏、交互多媒体陈展，像大众展示园区数字工厂、智慧园区的一面。

改善感知：坡折屋面之公共覆盖

建筑采用坡折形屋面，一方面满足厂区大跨建筑技术上结构、采光、通风的需求，另一方面将坡屋顶延续至紧贴厂房的环保宣教走廊，以同构的方式让参观区域在视觉体验上与厂房内部空间连续起来。改善人们对坡折屋面在外围的出挑，以此形成对公共区域的大尺度覆盖呼应周围延绵的滩涂地景。公共建筑尺度的斜坡屋顶原型空间也赋予参观走廊及建筑组团形象以田园生态与工业科技兼具的气质。

生物能源之丘示意图　　　环保宣教走廊

一期　　　二期　　　绿丘生态公园　　三期　　环保宣教走廊

项目各期示意图

景观设计效果图

7.2.2 静安固体废弃物流转中心更新项目

建设单位: 静安区绿化和市容管理局
设计单位: 上海市政工程设计研究总院（集团）有限公司

静安区固体废弃物流转中心位于静安区淮安路 750 号，占地面积 4752 平方米，于 2004 年建成启用。2020 年，静安区委、区政府决定对流转中心启动大修改造，2022 年改造完成后，流转中心从原单一的生产作业场所转变为集作业、参观、科普、会务于一体的综合性场所。

设计理念

城市中心的固体废弃物流转中心面临的主要问题是异味处理和环卫车辆通行。针对此问题，垃圾在封闭地下空间进行压缩处理，考虑到环卫车辆行驶的坡度及场地限制，流转中心设置为半地下建筑，结合不同功能，建筑屋顶分四个高差不等的平台。通过为多学科合作，将建筑融入自然，进行表层空间再造，形成独特的空间序列。

鸟瞰效果图

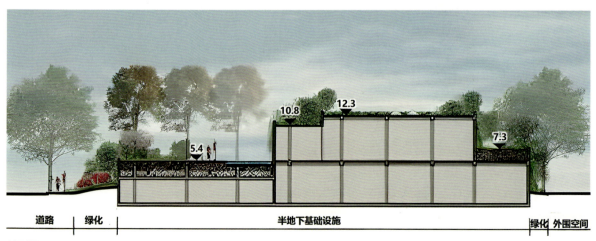

剖面图

设计亮点

环境友好

建筑运用反梁结构，满足建筑内部使用净高和屋顶种植乔木的问题，充分考虑景观的荷载，加强平台的承重能力，为后期景观植物种植土回填和种植高大乔木奠定了结构基础。四个不同高程平台的屋顶景观设计划分不同功能，景观一层以活动场地为主，其余三层以绿化景观为主。通过卵石小径到达二层平台，再由钢制楼梯通往另外两层，最终到达制高点。不同高程的景观平台营造了垃圾中转站立体的景观效果，也转移大体量建筑的呆板感，丰富整个街区的景观效果。

生态优化

中心在使用中，叠水、木平台、景观廊架既丰富了景观的内容和空间层次，也很好地满足了居民的休闲需求。叠水产生的负离子弱化了中心释出的气味，出风口的雕塑化从细节处提升了景观的品质，生态功能也更加突出。城市废弃物转运设施景观化将城市景观与垃圾压缩转运实用功能结合为一体，为其他城区的废弃物转运设施景观化提供了模板。

科技赋能

改造后，流转中心内的卸料工作由人工派位升级为电脑派位，并从原先的人工安排卸料倒口优化为信息系统计量称重计算后，分配车辆至指定的卸料倒口进行卸料。转运箱装载率从 85% 左右提升至 95%，日转运生活垃圾从 400 吨提升至 500 吨以上，转运能力提升 25%。

改造后鸟瞰图

屋顶花园现状鸟瞰图

改造前卸料大厅

改造后卸料大厅

结　语

从市政设施到基础设施的"隐喻"

"凡会同，市司帅贾师而从，治其市政"——《周礼·地官·司市》是我国关于"市政"最早的论述，详细记载了西周时代的市场管理制度。市政设施因而从"城市公共事务及公共治理"的语义中发展来。从英文词源上看，市政设施（utility）来自古法语 utilite ，意为"有用"，public utility 具有公共事业和公共管理的意味，暗合了中文的"市政"的起源。

作为 utility 的替代词汇，基础设施（infrastructure）中的词根 structure 源自拉丁语 structura，意为"拼合、调整；建筑、建筑方式"；词缀 infra- 源自拉丁文 infra，表示"在下面、下面；下侧、下面"。因此，基础设施（infrastructure）更加理性和客观地直观表达出设施对城市的基础作用，即是一组组位于地下的建筑群体。

本书最终使用"基础设施"作为全书核心概念便是出于以上考虑，从泥土中生长出来的、小小的建筑群落，构成城市中的一张网络，深度接入人们的日常生活。书名中"上海"和"城市"作为"基础设施"的限定，一方面突出上海超大特大城市的地域属性，另一方面强调基础设施的城市视角，限定基础设施这一广博概念的内涵和外延。

上海历来重视基础设施的规划和建设。基础设施的发展与城市发展相辅相成、互为支撑。在"多快好省"的语境下，基础设施的效率优先和工程优先展露无遗；在高速城镇化和工业化语境下，快速发展和超前发展成为基础设施发展的关键词；转入城市更新和高质量发展的当下，基础设施为城市提供更安全的保障、更高品质的空间、更优质的服务成为新课题——"集成创新·都市营造"是应对基础设施发展新趋向的"上海行动"，从规划、设计、建设到运维，是一次全方位的突破和创新。

本书所提及的实践案例（除个别已建设的之外）均选自 2021 至今已开工或已立项的项目，包括基础设施的全部六大系统，其中以交通运输系统中轨道交通类和道路类的案例比例最高，占到所有案例的 2/3，是人们日常生活相关度和关注度最高的基础设施。城市能源系统和供排水系统的基础设施，尽管不是常规意义上与人亲近的设施，但通过精心规划和精巧设计，依然能够成为城市中重要的公共空间和公共建筑。

基础设施在城市中的位置很重要。往常，基础设施在哪里建都一样。从上位规划中传导定位，同时与周边环境中建构联系，理性地、逻辑地设计"此时此地"的基础设施。基础设施的公共性和合理性意味着尽可能褪去工程性、个人化和符号化，有理有据才能具有说服力，得到更多的公众认可。

与"合理性"同样重要的是基础设施"通俗易懂"的价值，后者是"以人为本"的显化表现。酷炫的造型并不是基础设施设计要达到的效果，对基础设施工艺的深入了解和深刻理解，将结构和材料与设施功能布局优化本身相结合，同时考虑低碳节能和运维管理，在全生命周期的各个阶段让人感受到"通俗易懂"，包括使用者、施工者、运维者，甚至是驻足者……

从没有一个时代像今天一样对基础设施规划师和设计师如此友好。基础设施对"好方案""好设计"始终敞开怀抱，即使没用公共建筑设计经验的人，只要怀抱爱好、热爱设计、始终尊重这座城市，就会有机会参与到基础设施的提质增效工作中来。同时，由于基础设施的规模通常有限，且存在我们日常生活的各个角落，对年轻规划师和设计师是非常容易"上手"和"练手"的对象。

帕特里克·格迪斯在《进化中的城市》中说："城市必须不再像墨迹、油渍那样蔓延，它们要像花朵一样呈星状开放，绿叶在金色的光芒间交替生长。"愿每一个基础设施都能长成城市中的点点星辰，像绽放的花朵那样，不经意但又令人难以忽略。

参考文献

[1] 上海市历史博物馆 . 上海百年掠影 1840s-1940s[M]. 上海：上海人民美术出版社 ,1994.

[2]ALLEN Stan. Points + Lines: Diagrams and Project of the City[M]. New York: Prinston Architectural Press, 1999.

[3] 上海市城市规划设计研究院 . 循迹启新 . 上海城市规划演进 [M]. 上海：同济大学出版社 , 2007.

[4] 许福贵，许岚 . 上海百年城建史话 [M]. 上海：同济大学出版社 ,2008.

[5] 日本株式会社新建筑社 . 地区基础设施 [M]. 大连：大连理工大学出版社 , 2010.

[6]STOLL Katrina，LLOYD Scott，Infrastructure as Architecture. Designing Composite Networks[M]. Berlin: jovis Verlag, 2011.

[7]BÉLANGER Pierre. Landscape Infrastructure：Urbanism beyond Engineering[R]. Wageningen University, 2013.

[8] 钱少华 . 城市基础设施集约化、隐形化、景观化规划探索与实践 [J]. 上海城市规划 , 2016（2）：8.

[9] 上海市人民政府 . 上海市城市总体规划（2017-2035 年）[R]. 上海市人民政府官网 ,2017.

[10] 李亚峰，马学文，王培 . 城市基础设施规划 [M]. 北京：机械工业出版社 , 2017.

[11] 孙逊，钟翀（主编）. 上海城市地图集成 [M]. 上海：上海书画出版社 , 2017.

[12] 丁年，刘应明（主编）. 城市基础设施高质量发展探索与实践 . [M]. 北京：中国建筑工业出版社：2023.

上海城市基础设施创新设计实践

鸣谢单位

上海市发展改革委员会

上海市交通委员会

上海市绿化和市容管理局

上海市水务局

长三角生态绿色一体化发展示范区执行委员会

上海久事（集团）有限公司

上海城投（集团）有限公司

上海申通地铁集团有限公司

上海机场（集团）有限公司

上海东方枢纽投资建设发展集团有限公司

国网上海市电力公司

上海市浦东新区规划和自然资源局

上海市黄浦区规划和自然资源局

上海市静安区规划和自然资源局

上海市徐汇区规划和自然资源局

上海市长宁区规划和自然资源局

上海市普陀区规划和自然资源局

上海市虹口区规划和自然资源局

上海市杨浦区规划和自然资源局

上海市宝山区规划和自然资源局

上海市闵行区规划和自然资源局

上海市嘉定区规划和自然资源局

上海市金山区规划和自然资源局

上海市松江区规划和自然资源局

上海市青浦区规划和自然资源局

上海市奉贤区规划和自然资源局

上海市崇明区规划和自然资源局

临港新片区管理委员会规划和自然资源处

上海国际旅游度假区管理委员会规划建设和环保景观处

上海市浦东新区生态环境局

上海市静安区绿化和市容管理局

上海市普陀区建设和管理委员会

上海市堤防泵闸建设运行中心

图书在版编目（CIP）数据

上海城市基础设施创新设计实践 / 上海市规划和自
然资源局编著 . -- 上海：上海文化出版社，2024. 8.
（大都市营造系列丛书）. -- ISBN 978-7-5535-3034-5
Ⅰ . F299.275.1
中国国家版本馆 CIP 数据核字第 20248LC803 号

出　版　人　姜逸青
责任编辑　江　岱
装帧设计　乔　艺

书　　　名　上海城市基础设施创新设计实践
作　　　者　上海市规划和自然资源局　编著
出　　　版　上海世纪出版集团　上海文化出版社
地　　　址　上海市闵行区号景路 159 弄 A 座 3 楼　201101
发　　　行　上海文艺出版社发行中心
地　　　址　上海市闵行区号景路 159 弄 A 座 2 楼　201101
印　　　刷　上海雅昌艺术印刷有限公司
开　　　本　889mm×1194mm　1/16
印　　　张　18.5
版　　　次　2024 年 8 月第 1 版　2024 年 8 月第 1 次印刷
书　　　号　ISBN 978-7-5535-3034-5/TU.026
审　图　号　沪 S〔2024〕084
定　　　价　188.00 元

告　读　者　如发现本书有质量问题请与印刷厂质量科联系。联系电话：021-68798999

市政温暖你我，微光点亮生活。